U0478168

【诸子如是说】系列

墨子原来这样说

姜正成◎编著

中国华侨出版社

图书在版编目（CIP）数据

墨子原来这样说／姜正成 编著．—北京：中国华侨出版社，2012.5（2023.1重印）

ISBN 978-7-5113-2278-4

Ⅰ.①墨…　Ⅱ.①姜…　Ⅲ.①墨翟（前480~前420）-哲学思想-通俗读物　Ⅳ.①B224-49

中国版本图书馆CIP数据核字（2012）第058839号

●**墨子原来这样说**

编　　著／姜正成
责任编辑／崔卓力
责任校对／志　刚
版式设计／丽泰图文设计工作室／桃子
经　　销／全国新华书店
开　　本／710×1000毫米　1/16开　印张/16.25　字数/228千字
印　　刷／三河市嵩川印刷有限公司
版　　次／2012年6月第1版　2023年1月第3次印刷
书　　号／ISBN 978-7-5113-2278-4
定　　价／48.00元

中国华侨出版社　北京市朝阳区静安里26号通成达大厦3层　邮编：100028
法律顾问：陈鹰律师事务所
编辑部：(010) 64443056　64443979
发行部：(010) 64443051　传真：(010) 64439708
网　址：www.oveaschin.com
E-mail：oveaschin@sina.com

前言

春秋战国是中国历史上的特殊时期。那是一个战争频繁、民不聊生、诸侯争霸的时代，也是一个思想活跃、哲人辈出的时代。“霸业原如春梦短，文章长工大江流。”千秋霸业在历史的长河中也不过是一瞬而已，然而先哲们灵魂的闪光，却如大江东去一样，永远后浪推前浪，滚滚向前。

是的，这个时代，思想文化领域也正发生着震古烁今的一场诸子百家的大争鸣，从而使它成为了中国历史上迄今仍然令人心驰神往的一个“学无拘禁，思想自由”的“黄金时代”。在这个时代里，在诸子百家中，有一位思想家，不仅开创了一个独具特色的学术思想流派，而且最富有宗教家的精神和情怀，并勇于以自己的理想仪法为世间的统治者立法，他就是墨子。

墨子天资聪颖、博学多才，甚至在科技领域也有一定的成就，如在宇宙论、数学、物理学、机械制造等方面，都有突出贡献。墨子最初所学的虽然是“儒者之业”、“孔子之术”，但他特别不满于孔子和儒家的那种格外讲究繁文缛节和厚葬久丧的礼乐之教，从而走向了儒家的反对面，对儒家展开了激烈的批评，并另创了一门独立的学派与儒家相抗衡，这就是所谓的墨家学派。墨家也因此成为战国时期的重要学派之一，和儒家一起被称为“显学”。

胡适说：“墨翟也许是中国出现过的最伟大的人物。”鲁迅说：

"墨子是中国的脊梁。"日本的池田大作说:"我认为墨子的爱,比孔子的爱更为现代人所需要。"英国的汤因比说:"把普遍的爱作为义务的墨子学说,对现代世界来说,更是恰当的主张,因为现代世界在技术上已经统一,但在感情方面还没有统一起来。只有普遍的爱,才是人类拯救自己的唯一希望。"看来,中外的学者对墨子都给予很高的评价。当然也不乏对他尖刻批评的。但是,无论是颂扬也好,批评也罢,那都不过是别人的结论与看法而已。我们不可人云亦云,也应该有我们自己的真实见解。那就让我们穿越历史时空去与墨子进行心灵对话吧!

关于意志修为:墨子提出"志不强者智不达,言不信者行不果。"告诉人们,成大事一定要有坚强的意志,不可急功近利、急于求成,要一步一个脚印地走向成功。另外,做人要言必信,行必果,表里如一,身体力行。

关于尚贤使能:墨子提出"国有贤良之士众,则国家之治厚;贤良之事寡,则国家之治薄。"意思是说,国家拥有的贤良之士多,国家就治理得好;国家拥有的贤良之士少,国家就治理得差。大到国家的富强和发展,小到一个组织或团体的兴旺发达,人才在其中都无疑发挥着至关重要的决定性作用,是竞争取胜的法宝或关键性因素。独具慧眼的墨子认为,国家之所以贫困、人口减少、社会不稳定是由于统治者不知道"尚贤"的缘故造成的。要想治理好国家,当务之急就是要崇尚、重用贤能之人,就是要增加国内贤良之士的数量。

关于尚同控制:墨子提出"凡使民尚同者,爱民不疾,民无可使。"意思是说,凡是要使百姓向上保持统一的,如果爱民不深,百姓就不能被役使。作为统治者一定要爱人民,处处为人民的利益着想。只有这样,才能够役使他们。

关于人间兼爱:墨子提出"爱人者人必从而爱之,利人者人必从而利之。"意思是说,凡是爱别人的人,别人也必然爱他,凡是有利于别人的人,别人也必然会为他谋利。告诉人们,人与人之间都是将心比心的，投之以桃报之以李。撒播善种，才能收获善果。

关于天下非攻：墨子提出“若繁为攻伐，此实天下之巨害也。”意思是说，假如频繁地进行攻伐征战，这实际上就是天下的祸害。墨子是深恶痛绝战争的，人民遭难，流离失所。但是墨子又不是完全否定战争。只要是正义的战争，为了更多人利益的战争，墨子是支持的。

关于节用节葬：墨子提出“节俭则昌，淫佚则亡。”意思是说，勤俭节约者能够昌盛，骄奢淫逸者败亡。告诉人们尤其是统治阶级应该在衣、食、住、行等各个方面都要注意节俭，不可过度消费或奢侈浪费，发展生产要以是否利于民众、是否有益于社会为原则。在丧葬方面，也要注意节俭。

关于环境影响：墨子提出“染于苍则苍，染于黄则黄。”意思是说，丝染了青色颜料就变成青色，染了黄色颜料就变成了黄色。告诉人们，人容易被外界因素影响。近朱者赤，近墨者黑，要谨慎交友。同时，不要轻易 f 依赖别人，自己要有主见，要相信自己。

关于天志明鬼：墨子提出“体察仁义之本，天意不可不慎也。”意思是说，考察仁义的根本，那么对上天的旨意就不能不顺从。告诉人们，要顺承天志，不顺从天意，将会遭到惩罚。

关于战争谋略：墨子提出“若能以义名立天下，德求诸侯，天下之服可待也。”意思是说，如果真有人可以以仁义在天下立名，以德行使诸侯臣服，那么天下的归附就可以唾手可得了。告诉人们，统治者要以仁义立名于天下，以好的德行令天下诸侯臣服。这样胜过兵戈铁马、劳民伤财。

本书收录了墨子的经典名句，以及这些经典名句对后人的启发。本书将墨子的重要思想详尽地陈述了出来。穿越几千年的历史时空，墨子原来这样说过意志修为、尚贤使能、尚同控制、人间兼爱、天下非攻、节用节葬、外界影响、天志明鬼、战争谋略。本书通过生动有趣的实例和深入浅出的分析，启迪你的智慧，照亮你的人生之路，开启成功之门。

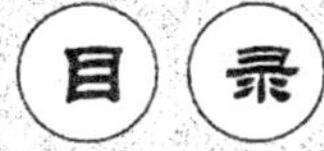

第一章　志不强者智不达，言不信者行不果

——墨子原来这样说意志修为

墨子提出“志不强者智不达，言不信者行不果。”意思是说，意志不坚强的人，智商不一定高，说话不讲信用的人做事一定不会有结果。做任何事情都要有一种善始善终、专心致志、持之以恒的精神，切不可急于求成、急功近利。另外，做人一定要表里如一，身体力行，切实加强自身的道德修养。

第二章 国有贤良之士众，则国家之治厚

——墨子原来这样说尚贤使能

以德治、礼治为根本的传统社会，人治的意味很重，因而人才对于治国理政也就具有格外重要的意义。

在墨子看来，当时的统治者都是希望实现“国家富强”、“民众增多”、“社会安定”的，但是实际情况是国家不能富强，反而贫困；民众不能增多，反而减少；社会不能稳定，反而更加动荡。独具慧眼的墨子认为，那是由于统治者不知道“尚贤”的缘故造成的。要想治理好国家，当务之急就是要崇尚、重用贤能之人，就是要增加国内贤良之士的数量。

第三章 凡使民尚同者，爱民不疾，民无可使

——墨子原来这样说尚同控制

墨子希望结束动荡、混乱的社会局面，又过度强调了个人自身的社会责任，把个人完全视为政治系统中没有任何行动和思想自由的个体。所以墨子提出：“凡使民尚同者，爱民不疾，民无可使。”意思是说，凡是要使百姓与上位者保持统一的，如果爱民不深，百姓就不能被役使。欲治理好国家，首先必须充分地爱人民，关注人民的福祉和

利益。

第四章　爱人者人必从而爱之，利人者人必从而利之
——墨子原来这样说人间兼爱

墨子认为，人性是易受外界环境的影响而不断转化的。你对我友爱，我也就会对你友善；你对我残忍，我也就会对你不仁不义。他是用一种交换互动的理论和因果报应的关系来诠释人与人之间情感的关联性的，虽然这种观点具有强烈的功利主义的意味。但是，墨子通过这种对比，来规劝人们应该努力向善并且要相亲相爱。在墨子看来，当一个人真正懂得他所说的意思后，肯定会收敛对他人的嫉恨和伤害之心，而乐于去爱人利人的。

第五章 若繁为攻伐，此实天下之巨害也

——墨子原来这样说天下非攻

春秋战国时代，诸侯割据、战争频繁、烽烟四起。墨子虽然处在这样的时代，可是他却向往和平，极力反对战争。但是他并不是不加区别地一概否定，而是对战争的性质进行了具体分析，是有所分别和取舍的。他把战争分为两种类型，即“诛无道”和“攻无罪”。因此，对于战争问题，他既不赞成国家间的攻伐掠夺，也不盲从“春秋无义战”的主张，而是结合历史与现实的事例，对战争的性质进行了精辟分析，对正义的战争给予支持，对不义的战争进行谴责和坚决反对，进而主张积极防御，战胜不义之战。

第六章 节俭则昌，淫佚则亡

——墨子原来这样说节用节葬

“节用”、“节葬”共同构成了墨子经济思想的主要内容。墨子在“节用”里主要阐述了人们尤其是统治阶级应该在衣、食、住、行等各

个方面都要注意节俭，不可过度消费或奢侈浪费，发展生产要以是否利于民众、是否有益于社会为原则。

墨子的“节葬”主张，也可以说是从其“兼爱”思想出发而引申出来的。墨子认为为了兼爱，世人必须在有生之年节用，同时，为了兼爱，世人也必须在死后节葬。总之，厚葬久丧是国之大害，必须谴责和停止这些活动，而提倡节葬，实行短丧。

第七章　染于苍则苍，染于黄则黄

——墨子原来这样说外界影响

墨子通过强调丝的颜色变化完全取决于燃料的颜色，来譬喻外界环境能够对人产生决定性的影响和作用。其实，他并没有对人性进行善恶的划分，而是认为人性具有极大的可塑性，而且几乎完全取决于周围环境的影响。社会环境好而且周围的人都是道德高尚、贤能的人，人处在其中，久而久之，耳濡目染，也会变得品德优良；如果周围都是些道德低下、平庸无能的人，与他们长时间交往的话也会使自己慢慢堕落、变坏。

第八章 体察仁义之本，天意不可不慎也

——墨子原来这样说天志明鬼

墨子所谓的“天志”，并不是一种非理性的宗教信仰或低级的迷信观念，它首先更主要的是墨子所据以审视和评判人世间一切事物和问题的理性化的客观仪法或终极依据；其次，在他看来，天是比天子更尊贵和聪明的一种客观实在的因素或力量，天子应该服从于天的意志。显然，他的目的是借助于天的权威对统治者恣意妄为、劳民伤财、攻城略地的行为加以约束和限制，以实现社会政治秩序的稳定及和谐发展。

“明鬼”与“天志”有异曲同工之妙，都是他用以警戒世人特别是统治者的一种精神武器，目的是为了实现国家的富裕与世界的和平以及百姓的福祉和利益。

第九章　以义名立天下，德求诸侯，天下之服可待也

——墨子原来这样说战争谋略

俗话说：得民心者得天下。让天下百姓心悦诚服，这是英明睿智的王者所孜孜追求的目标。那么，何以服人呢？墨子认为，应该以仁义在天下立名、以德行使诸侯臣服，那么不用发动战争就可以称霸天下了。

第一章 志不强者智不达，言不信者行不果

——墨子原来这样说意志修为

墨子提出“志不强者智不达，言不信者行不果。”意思是说，意志不坚强的人，智商不一定高，说话不讲信用的人做事一定不会有结果。做任何事情都要有一种善始善终、专心致志、持之以恒的精神，切不可急于求成、急功近利。另外，做人一定要表里如一，身体力行，切实加强自身的道德修养。

表里如一，身体力行

【原典】

墨子曰：“名不可简而成也，誉不可巧而立也，君子以身戴行者也。”

【古句新解】

墨子说：“美名是不能轻易地形成的，声誉也不能投机取巧地建立，君子必须身体力行地表现自己的品德。”

自我品评

俗话说：“人过留名，雁过留声。”但是，我们究竟如何才能获得好的名声，获得别人的称誉和赞赏呢？两千多年前的墨子在此就告诉了我们成功的秘诀，那就是要加强自己的道德修养，做事要言行一致、表里如一、身体力行，踏踏实实地做事情，切不可夸夸其谈、沽名钓誉，只有这样才能水到渠成，功成名就。显然，这也正是我们今天树立和发扬社会主义荣辱观的目的所在，即要求人们能够知荣明耻，身体力行，切实加强自身的道德修养。说话一定要讲信用，做事一定要果断，要使讲话和做事一致，没有一句话不实行的。

这句话是墨子用来论证“兼爱”的可行性的。墨子举出许多人口口声声反对“兼爱”，认为“兼爱”是不可能实现的，但如果让他们来选择是把亲人托付给主张“兼爱”的人，还是托付给主张“相恶”的人时，他们毫不犹豫地选择了前者。墨子用上述名言对这些言行不一的人提出了批评，同时他认为每个人无论做什么事情，都应该“言必信，行必果”、“无言而不行也”。

今天，墨子的这一观点或教导，即要求人们为人处世应言行一致，仍然具有普世性的价值和意义，做人应堂堂正正，要把出于自己口中的道理落实在自己的行动上，切不可嘴上说一套、背后又做一套，这是“阴阳人”的为人和做法，是可耻的行为。

言行一致，表里如一，追求真善美，是为人处世的道德标准和行为准则。墨子认为，善不是出自内心的不能保留；行动不是通过自身辨明的不能树立；名声不能简单地成就；荣誉不能用巧言建立，因此君子要言行合一。

墨子的话告诉我们，高尚的品质、令人向往的名誉都是为人所追求的，但这不是靠虚假、巧言令色就能轻易达到的，而是要发自内心的追求并采取与言语一致的行动才能实现的。

我们身边往往有这样一些人，台上与台下、人前与人后、对待领导与对待普通人，他们都会有截然不同的态度。这些人言行不符、表里相背。他们往往不以诚实为荣，反而以之为耻。

言行一致，贵在身体力行，只要我们坚持践行社会主义荣辱观，从我做起，从现在做起，从一点一滴做起，不说假话、不说空话、不欺上瞒下、努力改变那种“有看法、没办法；有想法、没做法；有号召、没实招”的现象，言必行，行必果，相信通过不懈的努力，一定可以不断提高自己的思想道德修养。

党的好干部，人民的贴心人牛玉儒，在“为人民服务”上真正做到了言行一致。

“有困难找我!”这是牛玉儒经常对老百姓说的一句话。他的手机号走到哪儿给到哪儿，包括企业、基层单位，以及孤残老人家庭。他说：“事关老百姓的事，就是天大的事。”

2003年的一天，牛玉儒检查呼和浩特市便道铺装工程时，发现刚铺好的便道上有根电线杆立在盲道上。“这不是害人吗?”一向很少发火的牛玉儒忍不住大发脾气。他严厉批评了施工单位，要求他们立即重修盲道，并且要求有关部门对市区内所有盲道进行全面检查。随行人员第一次见牛玉儒发这么大的火。

呼和浩特市市委督查室主任董利群作过统计：从 2003 年 4 月至 2004 年 7 月，牛玉儒一共批阅各种群众来信和涉及人民群众切身利益的公文函件 314 件，平均不到两天就有一件，他还要求督查室必须跟踪解决问题。

“我们抓经济、搞建设，最终目标就是让群众在更好的环境里过更好的日子。”牛玉儒多次说过这句话，这高度概括了他一切工作的出发点和落脚点。

牛玉儒的小巷情结也令人感动。情系小巷，心存百姓，这也是牛玉儒的一贯作风。

牛玉儒在担任呼和浩特市市委书记后，抱定的目标之一就是接好前任改造青城的接力棒，狠抓城市建设，给老百姓打造一个满意的首府。“非典”一过，他顶着烈日，徒步实地察看呼和浩特市的道路改造情况，不仅重视通衢大道，更关注小街小巷。他说：“光大街美不行，老百姓可是生活在小巷里啊!”他发现，很多学生下晚自习后在小巷里摸黑行走，一调查，市区这样的小巷竟有 46 条，随后他就点名让城建部门抓紧时间治理小巷，为老百姓送光明。很快，呼和浩特市区的这 46 条小巷全部安装上路灯并实现供电。

牛玉儒在当包头市市长时，扑下身子为困难群众排忧解难，走出困境的下岗职工到市政府门口放鞭炮感谢他。他向大家致礼，深情地说：“关心困难群体是政府的责任，人民市长为人民，这是我的政治责任，也是我的职业道德。”作为党员领导干部，牛玉儒扑下身子为群众办实事，亮开嗓子在群众面前讲政治。他讲的政治很简明，就三个字：“为人民”。就冲这三个字，群众赞许他是“好官牛玉儒”。

“为人民服务”，这五个字说起来容易，做起来难。对普通人来说，重诺守信、言出必行、不夸海口、不乱承诺、不信口开河、拒绝见利忘义，做起来又何尝不难呢？但我们不能因为难就不做，因为它是衡量一个人品格的重要尺度，是一个人道德品质的最基本的要求。

言行一致、诚实守信是社会风气的根基，也是树立社会主义荣辱观的基本要求。在这方面，执著支教徐本禹、剑胆琴心任长霞、鞠躬尽瘁牛玉儒等都是值得我们学习的榜样。他们不但怎样说就怎样做，而且做得很成功，很令人感动。

子墨子言曰：“言足以复行者，常之；不足以举行者，勿常。不足以举行而常之，是荡口也。”意思是说，言论要是能够做到的，不妨常说；言论不能够付诸行动的，就不要常说。言论不能付诸行动，却经常说，那就是徒费口舌。

墨子说的那种说一套、做一套，徒费口舌之劳的人，往往不想过后会不会去做，也不管以后能不能做到，总是先把口头支票开了再说。稍好一点的，也是有了点结果就浮夸，脱离现实。他们没有务实的办事态度，没有踏实的办事作风。于是久而久之，就失去了朋友的信任，失去了老板的信任，失去了下属的信任，失去了群众的信任……我们坚决不要做这种众叛亲离、讨人厌的人。要做就要做言行合一的人，言行一致是为人处世的基本要求，然而“得黄金百，不如得季布一诺”，真正做到言行一致是有一定难度的。那我们也要努力去做，不可姑息迁就自己。

为人处世，信守诺言是非常重要的。那些受欢迎的人，常用各种不同的方式把他们的特点展现在人们面前，其中最显著的特点便是任何时候都有守信、遵约的美德。言行一致、表里如一是为人处世的基本要求，夸夸其谈的处世态度，不但徒费口舌、于事无补，而却也从根本上违背了诚信为本的做人原则。因此说，表里如一、身体力行是做人之基。

坚定信念，善始善终

【原典】

墨子曰："事无始终，无务多业；举物而暗，无务博闻。"

【古句新解】

墨子说："做事有始无终，就不要去从事更多的事情；做一件事情都糊里糊涂，就不能追求博学多闻。"

自我品评

有志者事竟成。古人把立志视为成功的第一阶梯。

老子说："图难于其易，为大于其细。"（《老子·第六十三章》）困难的事情应在还容易解决的时候便着手去解决，要想成就一番大的事业就需要从点滴小事做起。而且，做任何事情，更重要的是要有一种善始善终、专心一意、持之以恒的精神，切不可急于求成、急功近利。而就修身这件事来讲，尤其需要我们保持一种平和的心态，实实在在、一步一个脚印地去修炼自己，唯有如此，才能最终使自己成长为一个道德情操高尚的人。

孔子自述其人生是从"吾十五有志于学"（《论语·为政》）开始的；墨子讲"志不强者智不达"（《墨子·修身》）；诸葛亮在《诫子书》告诫子孙学习才能增加才智，立志才能成就学业，"非学无以广才，非志无以成美"；苏轼说"古之成大事者，不惟有超世之才，亦有坚韧之志”（《晁错论》）；谢良佐说“人须先立志，志立则有根本。譬如树木，须先有个根本，然后培养，能成合抱之木”（《上蔡语录》）；朱熹认为“书不记，熟读可记；义不精，细思可精；惟有志不立，直是无着力处”（《性理精义》）卷七；王阳明也认为不立志就犹如无舵之船、无衔之马：“志不立，如无舵之舟，无衔之马，漂荡奔逸，终亦何所底乎？”因而“志不立，天下无可成之事”（《教条示龙场诸生·立志》）；抗倭英雄戚继光也深有感触地说：“未有不立志之人，便能做得事业。”（《练兵实纪·练将·志立向》）正因为“立志”对人生有如此重大的意义，所以，孔子才说“三军可夺帅也，匹夫不可夺志也”（《论语·子罕》），冯梦龙才说“不可以一时之失意而自坠其志”（《警世通言》第十七卷《钝秀才一朝交泰》），甚至连《三国演义》也是这样定义英雄的：“英雄者，胸怀大志、腹有良策，有包藏宇宙之机、吞吐天地之志者也。”王船山正是以“身可辱，生可捐，国可亡，而志不可夺”（《船山遗书·续春秋左氏传博议》）自勉，才隐于山野之间，一心做藏之名山、以待来世的文化事业，为民族精神的传承贡献了一个儒士全部的精力、智慧乃到生命。

卡耐基喜欢用一件发生在美国内战期间的奇特故事来说明坚定信念的神奇力量。

“基督教信仰疗法”的创始人玛丽·贝克·艾迪，曾一度认为生命中没有幸福和快乐等美好的东西，只有疾病、愁苦和不幸：她的第一任丈夫在婚后不久就不幸去世；第二任丈夫又无情地将她抛弃；她只有一个儿子，却由于她这位母亲贫病交加，自身难保，不得不在儿子4岁那年把他送给别人代养，后来儿子下落不明，长达31年母子无法相见……一连串的打击，让玛丽·贝克·艾迪对生活充满了绝望，时常涌现轻生的念头。

可是在麻省理安市的一天，她的命运发生了戏剧性的变化。那天很冷，她在城里走路时突然摔倒在结冰的路面上，脊椎发生扭曲，使她不停地痉挛，结果昏了过去。医生认为她将不久于人世，即使奇迹出现让她活过来，她也绝对不能再走路了。

玛丽·贝克·艾迪不想在床上结束自己的生命，于是用《圣经》来唤醒体内神奇的力量。她后来说，她读到马太福音里的句子："有人用担架抬着一个瘫子到耶稣跟前诉苦……耶稣对瘫子说，放心吧，你的罪赦了……起来，拿你的褥子回家去吧。那人就站起来，回家去了。"

她后来说，耶稣的这几句话使她产生了一种力量、一种信仰、一种能够医治她的力量，使她"立刻下了床，开始行走"。

"这种经验，"艾迪太太说，"就像引发牛顿灵感的那枚苹果一样，让我找到了好起来的方法以及怎样也能使别人做到这一点……我可以很有信心地说，一切的原因就在你的信念，而一切的影响力都是心理现象。"

卡耐基并不是这个教派的信徒，但他一直深信信念的力量。从事成人教育的35年经验使卡耐基明白男人和女人都能够消除忧虑、恐惧和很多疾病，只要改变自己的信念，就能改变自己的生活。

当然，立志仅仅是第一步，高远的志向若不化为脚踏实地的行动，还是空谈。一分辛苦一分才，显赫成就的背后，都是辛勤的付出。

在科技发展的历史上，很多著名人士都是紧紧抓住一个目标不放松，最终取得成功的。法国昆虫学家法布尔这样劝告一些爱好广泛而收效甚微的青年，他用一块放大镜示意说："把你的精力集中放到一个焦点去试一试，就像这块凸透镜一样。"这实际是他个人成功的经验之谈。他从年轻的时候起就专攻"昆虫"，甚至能够一动不动地趴在地上仔细观察昆虫长达几个小时。我国著名气象学家竺可桢也是一个目标聚焦的践行者，他观察记录气象资料长达三四十年，直到临终的前一天，还在病床上做了当天的气象记录。

一个人一旦确立了目标，就该紧抓着这个目标，本着咬定青山不放松的态度，一步一个脚印去实现，才能真正有所成就。

小刘就读于一所重点大学，在学校里非常优秀。大学毕业后，在一家航空公司上班，他决心要干出样子来，果然精明能干的他很快就被提升为部门经理。随着交际面的拓宽，他涉足了其他一些领域，他发现做证券生意很赚钱，又决定在证券业发展，就在上班之余和几个朋友合伙办了个证券公司，赚了一笔钱。尝到甜头不久，他又瞄上了药材生意，生意也不错，他的目光又转向了下一个目标，短短几年时间，他就涉足多个领域，但都是浅尝辄止。志向也是变来变去，后来，他一事无成。

他不由感慨地说："我现在才明白过来，再也不想着要做多少多少事情了，就从一件做起，就向一个目标努力。"此时他唯一的出路是重新调整目标，选中一个方向前进，他选择了房地产业，熬过一程艰难岁月，终于东山再起，成为一位成功的房地产商。

要想成功需要坚定的信念，善始善终。人生像一面镜子，你对它笑，它也会对你笑。它更像一个玩具，你玩弄它，它会玩弄你一辈子。古语有云："有志之人立长志，无志之人常立志。"只有确立一个长远的目标，并拿出全部的智慧和力量去追求它，才有可能取得成功。

大义内存，正能压邪

【原典】

墨子曰："夫倍义而乡禄者，我常闻之矣；倍禄而乡义者，于高石子焉见之也。"

【古句新解】

墨子说："背弃道义而追求爵禄的人，我经常听说到；舍弃爵禄而追求道义的人，却在高石子身上见到了。"

自我品评

俗话说"邪不压正"，正气是遏制邪念的根本。何谓正气？正气是一种品格，一种胸襟、一种气概。一个人一旦有了凛然正气，就会刚正不阿，胸怀坦荡。即使面对威逼利诱，也能镇定自若，处变不惊，进而达到"富贵不能淫，贫贱不能移，威武不能屈"的高尚境界。有了这种大义存于胸中，邪不可侵。

高石子，墨子的弟子之一。墨子曾经让他的另一位弟子管黔敖举荐高石子到卫国做官。卫国的国君给了他很高的爵位和优厚的俸禄，但是高石子三次朝见卫君，每次都竭力进言，遗憾的是卫君都没有采纳实行，于是高石子毅然决然地辞去了卫国的高官厚禄。这种"背禄向义"的高尚品行受到墨子的赞赏。在这里，"禄"与"义"实际上就是代表了"个人私利"和"公共道义"的两种不同的价值取向。墨子所倡导的“义”，是以“兴天下之利，除天下之害”为根本目的或价值追求的。在墨子心中，万事莫贵于“义”，“义”是天下的真正的良宝，是比生命更贵重的东西，更何况高官厚禄这些身外之物。因此，为人处世必须以“义”为准则，符合道义、利于天下的事情，就去做；不符合道义、不利于天下的事情、就坚决不能做。

墨子的这种“背禄向义”的思想信念，不失为一种金玉良言，值得我们好好品味，并引以为鉴，拿它反观照察一下自己的仕宦生活和人生追求应是大有裨益的。人莫不有欲，欲求高官厚禄，欲求美满幸福、丰衣足食的生活，但是，欲望的满足和实现却应该有一个原则的限定，那就是“义”，也就是要“得之有道”。如若不然，那就“背义向禄”，甚或以权谋私、贪污腐败，而欲罢不能，终至于身陷囹圄而后止，像这样落一个可悲可叹的下场，倒不如“背禄向义”做一个两袖清风的高洁之士为好。

在这里，“禄”与“义”代表了“个人索取”与“奉献社会”两种不同的价值取向。墨家所提倡的“义”是以“兴天下之利，除天下之害”为主要内容的。在墨子眼中，万事莫贵于“义”，甚至珍贵于生命，更别说高官厚禄这些身外之物了。所以当他的另一个学生胜绰为了厚禄，竟然违背道义，怂恿齐国大将项子牛三侵鲁国时，墨子严厉批评了他这种“向禄而背义”的行为，并派另一个学生高孙子前去请求项子牛辞退胜绰。墨子这种“背禄向义”的精神，深深地影响了此后几千年的国人。

由此我们不难理解，正气是大义大德造就的，是不能靠伪善或是挂上正义与道德的招牌就能获取的。因此，一个内心充满正气的人，本身就是道德高尚之人，也正是因为如此，他才不会生出一些自私邪恶的念头，更不会因为受到威胁或利诱而屈服。

安史之乱后，唐王朝从强盛转向衰落。各地节度使乘机割据地盘，扩充兵力，造成了藩镇割据的局面。唐代宗死后，他的儿子李适即位，就是唐德宗。唐德宗想改变藩镇专权的局面，结果引起了藩镇叛乱。

唐德宗派兵讨伐的结果，叛乱不但没有平定，反而蔓延开来了。

唐德宗建中年间，有五个藩镇叛乱，其中淮西节度使李希烈兵势最强。他自称天下兵马都元帅，向唐境进攻。五镇叛乱，使朝廷大为震惊。唐德宗找宰相卢杞商量，卢杞说："不要紧，只要派一位德高望重的大臣去劝导他们，用不着动一刀一枪，就能把叛乱平息下来。"

唐德宗问卢杞说："你看派谁去合适？"卢杞推荐年老的太子太师颜真卿，唐德宗马上同意。

颜真卿是当时一个很有威望的老臣。安史之乱前，他担任平原太守。安禄山发动叛乱后，河北各郡大都被叛军占领，只有平原城因为颜真卿坚决抵抗而没有陷落。后来，他的堂兄颜杲卿在藁城起兵，河北十七郡响应，大家公推颜真卿做盟主。在抗击安史叛军中，立了大功。唐代宗的时候，他被封为鲁郡公，所以人们又称他颜鲁公。

颜真卿又是我国历史上著名的书法家。他写的字雄浑刚健，挺拔有力，表现了他的刚强性格。后来，人们把他的字体称为"颜体"。颜真卿为人正直，常常被奸人诬陷排挤，只是因为他的威望高，一些奸人不得不表面上尊重他。宰相卢杞是个心狠手辣的人，他忌恨颜真卿，平时没法下手，这一次想趁藩镇叛乱的机会，派颜真卿去做劝导工作，是企图陷害他。

这时候，颜真卿已经是七十开外的老人了。许多文武官员听说朝廷派他到叛镇去，都为他的安全担心。但是，颜真卿却毫不畏惧，带了几个随从就去了淮西。

李希烈听说颜真卿来了，想给他一个下马威。在见面的时候，叫他的部将和养子一千多人都聚集在厅堂内外。颜真卿刚刚开始劝说李希烈停止叛乱，那些部将、养子就冲了上来，个个手里拿着明晃晃的尖刀，围住颜真卿又是谩骂，又是威胁，摆出要杀他的架势。颜真卿毫不畏惧，面不改色，朝着他们冷笑。

李希烈假惺惺站起来护住颜真卿，命令他的养子和部下退出去，然后把颜真卿送到驿馆里，企图慢慢软化他。过了几天，四个叛镇的头目都派使者来跟李希烈联络，劝李希烈即位称帝。李希烈大摆筵席招待他们，也请颜真卿参加。

叛镇派来的使者见到颜真卿来了，都向李希烈祝贺说："早就听到颜太师德高望重，现在元帅将要即位称帝，正好太师来到这里，不是有了现成的宰相吗?"

颜真卿扬起眉毛，朝着四个使者骂道："什么宰相不宰相! 我年纪快八十了，要杀要剐都不怕，难道会受你们的诱惑，怕你们的威胁吗?"四名使者被颜真卿凛然的神色吓住了，缩着脖子说不出话来。

李希烈拿他没办法，只好把颜真卿关起来，派兵士监视着。兵士们在院子里掘了一个一丈见方的土坑，扬言要把颜真卿活埋在坑里。第二天，李希烈来看他，颜真卿对李希烈说："我的死活已经定了，何必玩弄这些花招。你把我一刀砍了，岂不痛快!"

过了一年，李希烈自称楚帝，又派部将逼颜真卿投降。兵士们在关禁颜真卿的院子里，堆起柴火，浇足了油，威胁颜真卿说："再不投降，就把你放在火里烧!"

颜真卿二话没说，纵身就往柴火堆跳去，叛将们连忙把他拦住，向李希烈回报。李希烈想尽办法，也没能使颜真卿屈服，就派人逼迫颜真卿自杀了。颜真卿虽然付出了自己的生命，但其坚贞不屈的刚正气节却让人永远敬佩。

托尔斯泰说过："欲望越小，人生就越幸福。"人人都有欲望，都想过美满幸福的生活，都希望丰衣足食，这是人之常情。但是，如果把这种欲望变成不正当的欲求，变成无止境的贪婪，那我们无形中就成了欲望的奴隶了。正气大义之举是社会和谐的基础，是时代前进的保障。社会需要正气，时代呼唤正气。我们决不能将这股纯正良好之气弃置，要让大义存于我们的心中，这样就能抵制自私自利、唯利是图、阿谀奉承、阳奉阴违的不良风气。

天道酬勤，空谈无益

【原典】

墨子曰：“强必富，不强必贫；强必饱，不强必饥，故不敢怠倦。”

【古句新解】

墨子说：“勤劳必会富足，不勤劳必会穷困；勤劳必能吃饱，不勤劳必会饿肚子，所以才不敢有丝毫的懈怠。”

自我品评

墨子在这里强调的是勤劳的重要性，墨子认为人们生活的贫或富并不是由命运来安排和赐予的，人们只要勤奋劳动、尽力从事生产，就能过上富足的生活，否则便会陷于贫困当中。儒家讲“死生有命，富贵在天”，这是墨子极力反对和批评的思想观念，尽管儒家教导人们积极修养自己的品行德性，要尽人事、听天命，并非是要人完全放弃任何的努力，但“死生有命，富贵在天”的说法毕竟带有浓厚的宿命论的意味，与之不同，墨子则要人们完全彻底地摒弃任何宿命论的念头，认为人们只有通过劳动，通过自己的辛勤耕耘，通过自己勤劳的双手才能创造出真正属于自己的美好生活和未来。

宋濂字景濂，明朝初年浦江人。官居学士，参与了明初许多重大文化活动，主修《元史》，参与了制定明初典章制度的工作，颇得明太祖朱元璋的器重，被人认为是明朝开国大臣中的佼佼者。

宋濂年幼时，家境十分贫苦，但他苦学不辍。他在《送东阳马生序》中讲：“我小的时候非常好学，可是家里很穷，没有什么办法可以找到书看，所以只能向有丰富藏书的人家去借来看。因为没钱买不起，借来以后，就赶快抄录下来，每天拼命地赶时间，计算着到了时间好还给人家。”正是这样他学到了丰富的学识。

有一次，天气特别寒冷，冰天雪地，北风狂呼，以至于砚台里的墨都冻成了冰，家里穷，哪里有火来取暖？宋濂手指冻得无法屈伸，但仍然苦学，不敢有所松懈，坚持把借来的书抄好送回去。抄完了书，天色已晚,无奈只能冒着严寒，一路跑着把书还给人家，一点也不敢超过约定的还书日期。因为诚实守信，所以许多人都愿意把书借给他看。他也因此能够博览群书，增长见识，为他以后的成功奠定了基础。

到了 20 岁，宋濂成年了，就更加渴慕圣贤之道，但是也知道自己所在的穷乡僻壤缺乏名士大师，于是常常不顾疲劳跑到几百里以外的地方，找自己同乡中那些已有成就的前辈虚心学习。后来，他觉得这样学习不是长久之计，于是就到学校里拜师学习。一个人背着书箱，拖着鞋子，从家里出来，走在深山之中，寒冬的大风，吹得他东倒西歪。数尺深的大雪，把脚上的皮肤都冻裂了，鲜血直流，他也没有察觉。等到了学馆，人几乎被冻死，四肢僵硬得不能动弹，学馆中的仆人用热水把他全身慢慢地擦热，用被子盖好，很长时间以后，他才有了知觉，暖和过来。

为了求学，宋濂住旅馆，一天只吃两顿饭，什么新鲜的蔬菜、美味的鱼肉都没有，生活十分艰辛。和他一起学习的同学们一个个身穿华服，戴着有红色帽缨、镶有珠宝的帽子，腰里别着玉环，左边佩着宝刀，右侧挂着香袋，光彩夺目，但是宋濂认为那不是快乐，丝毫没有羡慕他们，照样刻苦学习，因为学习中有许多足以让他快乐的东西。他根本没有把吃的不如人，住的不如人，穿的不如人这种表面上的苦当回事。正是因为宋濂的勤奋好学，他最终才能成就一番事业。他的那些同学一个个生活得很富足，又有几人名留青史呢？

生活中常有人说："工作太忙，没时间学习。"其实，这只是懒惰的借口而已。鲁迅曾说过："时间就像海绵里的水，只要你挤，总是有的。"以"忙"为借口逃避学习的人实在令人惋惜。因为至少可以利用看电视、玩网络游戏、度假或闲聊的时间读一些有益的书。

人们总是抱怨命运的盲目性，其实命运本身远不如人那么具有盲目性。了解实际生活的人都知道：天道酬勤，财富掌握在那些勤勤恳恳工作的人的手中。无数事例表明，在获得巨大财富的过程中，一些最普通的品格，如公共意识、注意力、专心致志、持之以恒等，往往起着很大的作用。即使是盖世天才也不能轻视这些品质的巨大作用，一般人就更不用说了。事实上，那些真正的天才恰恰相信常人的智慧和毅力的作用，而不相信什么天分。甚至有人把天才定义为公共意识升华的结果。

如果想做一个不同凡响的人，就必须投身于你的工作，不管你愿意不愿意。早晨、中午和晚上都得如此，没有任何的休息娱乐时间，只有十分艰辛的劳动。对金钱的任何崇拜，在一个艺术家的艺术生涯中，都是不可能使他做到自我控制和勤奋用功的。许多心灵高尚的艺术家宁愿顺应自己天性的癖好，也不愿和公众讨价还价。如果你是天才，勤奋则使你如虎添翼；如果你不是天才，勤奋将使你赢得一切。许多艺术家在成功之前都曾遭遇过最能考验他们勇气和耐力的贫困生活。

美国著名的废奴主义者布朗小时候为了到书店买一本希腊文的书，连夜赶了30公里的路。书店老板盯着这个头发蓬乱、衣衫不整的牧童，很奇怪这个乡下孩子怎么会提出这样的要求。于是，老板就和众人一起开始嘲弄他。这时进来一位大学教授，当他知道布朗的要求后说："这样吧，如果你能念出这本书的一行诗句，而且把它翻译出来，我就把这本书送给你。"人们惊讶地看到，这孩子从容自若地接连念完并且翻译出好几行诗句。于是，他自豪地拿到了自己应得的奖品。他是在放牧的时候学会希腊文和拉丁文的，这给他赖以成名的丰富学识打下了基础。

韦尔奇说："勤奋就是财富，勤劳就是财富。谁能珍惜点滴时间，就像一颗颗种子不断地从大地母亲那儿吸取营养那样，惜分惜秒，点滴积累，谁就能成就大业，铸造辉煌。"人生的许多财富，都是平凡的人们通过自己不断的努力而取得的。周而复始的日常生活，尽管有种种牵累、困难和应尽的职责、义务，但它却能使人们获得种种最美好的人生经验。对那些执著地开辟新路的人而言，生活总会给他提供足够的努力机会和不断进步的空间。人类的幸福就在于沿着已有的道路不断开拓进取，永不停息。那些最能持之以恒、忘我工作的人往往是最成功的。

其实，人生就像一个果园，每个人都是一个管理果园的人，最终能收获累累硕果的人，永远是勤奋的人。因为他们知道任何的成功都源于自始至终的勤奋和努力。好好努力吧，天道酬勤，扬起生命的风帆，经历风雨的洗礼去追求那迷人的人生彩虹。

做人要讲信用

【原典】

墨子曰：“言必信，行必果，使言行之合，犹合符节也，无言而不行也。”

【古句新解】

墨子说：“说话一定要讲信用，做事一定要果断，要使讲话和做事一致，就如同使符节相合一样毫无间隙，没有一句话不实行的。”

自我品评

墨子针对当时社会纷乱、国家之间互相攻伐的局面提出了“兼相爱、交相利”的主张，反对“交相恶”，并一再强调应“以兼易别”，兼，就是相爱，别，就是相恶。墨子倡导人们以相爱来取代相恶，认为厌恶别人的人，别人也会厌恶他，给别人带来伤害的人，别人也会反过来伤害他。

清代顾炎武曾赋诗言志：“生来一诺比黄金，哪肯风尘负此心。”表达了自己坚守信用的处世态度和内在品格。因此，中国人历来把守信作为为人处世、齐家治国的基本品质，中国古人有言：“君子以诚信为本，小人以趋利为务。”可见，处世之本，在于诚信。为人处世决不能见利忘义，不讲信用。做人最根本的一条是诚信。一个人如果时时、处处、事事讲信用，那么他的事业将会走向成功，人生将会亮丽多姿。

诚信乃做人之本，这是多少成功人士恪守的人生准则。人生向上的基础是诚、敬、信、行。诚是构成中国人文精神的特质，也是中国伦理哲学的标志。诚是率真心、真情感，诚是择善固执，诚是用理智抉择真理，以达到不疑之地。不疑才能断惑，所谓“不诚无物”就是这个道理。而“信”则是指智信，不是迷信、轻信，这种信依赖智慧的抉择，到达不疑，并且坚定地践行。

东汉时，汝南郡的张劭和山阳郡的范式同在京城洛阳读书，学业结束，他们分别的时候，张劭站在路口，望着天空的大雁说：“今日一别，不知何年才能见面……”说着，流下泪来。范式拉着张劭的手，劝解道：“兄弟，不要伤悲。两年后的秋天，我一定去你家拜望老人，同你聚会。”

落叶萧萧，篱菊怒放，这正是两年后的秋天。张劭突然听见天空一声雁叫，牵动了情思，不由得自言自语地说：“他快来了。”说完赶紧回到屋里，对母亲说：“妈妈，刚才我听见天空雁叫，范式快来了，我们准备准备吧！”“傻孩子，山阳郡离这里一千多里路，范式怎会来呢?”他妈妈不相信，摇头叹息，“一千多里路啊！”张劭说：“范式为人正直、诚恳、极守信用，不会不来。”老妈妈只好说：“好好，他会来，我去备点酒。”其实，老人并不相信，只是怕儿子伤心，宽慰宽慰儿子而已。约定的日期到了，范式果然风尘仆仆地赶来了。旧友重逢，亲热异常。老妈妈激动地站在一旁直抹眼泪，感叹地说：“天下真有这么讲信用的朋友！”范式重信守诺的故事一直为后人传为佳话。

在现实生活中讲信用、守信义，是立身处世之道，是一种高尚的品质和情操，它既体现了对人的尊敬，也表现了对己的尊重。但是，我们反对那种“言过其实”的许诺，也反对使人容易“寡信”的“轻诺”；我们更反对“言而无信”、“背信弃义”的丑行！

一次，美国东方航空公司准备订购一批喷气客机，这可是一笔金额达数千万美元的大买卖，很多飞机制造公司都千方百计地想得到这个订单，而道格拉斯飞机制造公司的创始人唐纳·道格拉斯更是亲自出马，专程去拜访东方航空公司的总裁艾迪·利贝克。利贝克告诉他说，道格拉斯公司生产的新型DC-3飞机和波音公司的707飞机都极有可能最后胜出。但它们有一个共同的毛病，那就是喷气发动机的噪音太大。“所以”，利贝克接着说，“如果你们公司能在减小噪音方面胜过波音公司的话，我将非常愿意给你这个机会!”一般人若是碰到这样一个千载难逢的好机遇，无论对方提出什么要求肯定都会爽快地答应下来。但是，道格拉斯回去与他的工程师商量后，认真地答复利贝克说：“老实说，我想我们没有办法去实现你的这一要求。”利贝克说：“我想也是这样的，我这样做的目的。只是想知道你对我是否诚实。”由于道格拉斯的诚实打动了利贝克，赢得了他的信任，他终于听到了一直期待的好消息：“你将获得1650万美元的合同。现在，去看看你如何将那些发动机的噪音控制到最小的程度。”可以说，正是道格拉斯的信誉与真诚帮助他获得了最后的胜利。如果当时道格拉斯夸夸其谈，满口答应能将发动机噪音降低多少分贝，那么将是一种什么样的结局呢?答案恐怕只有一个，那就是道格拉斯碰一鼻子灰，空手而归。

其实，我们每个人立身处世，都应该是以诚信为本。做人如此，做事业更是如此。做人做事都是一个长期的行为，因此你绝不能像火车站卖假烤鸭的那些人一样，以为顾客买了烤鸭就上了火车，再也见不着了，没人会找自己算账。要讲信誉才会有人缘，才能挣到大钱。信誉是我们每个人多年积累才有的一项巨大资产，需要我们精心去维护。有了信誉你身边的人才能信赖你，觉得你是一个可靠的人，才会继续与你打交道，所以说，信誉实际上是一种良好的处世形象，是你获得好人缘的本钱。

“一诺千金，一言百系”、“一言既出，驷马难追”等都是强调一个“信”字。中国人历来把守信作为为人处世、齐家治国的基本原则。自古以来，人们便欢迎和赞颂讲信用的人而谴责和唾弃无信用的人。将心比心，谁都不愿意被人欺骗，所以谁也不想和没有信誉的人打交道，因此要想获得好人缘，你首先应该成为一个有信誉的人。

量力而行，切勿逞能

【原典】

墨子曰："言足以复行者，常之；不足以举行者，勿常。"

【古句新解】

墨子说："言论如果能付诸实行的，就不妨常说；要是不能付诸行动的，就不要老是去说。"

自我品评

所谓"量力而行"，即正确估量自己的能力，不做力不能及的事情。能做的，但说无妨；不能付诸行动的，不要老是去说，切勿逞能。战国时期是个社会大变动的特殊时期，在这样动荡不安的生存环境下，人们常常言行不一、前后矛盾，执政当权者更是凭借权势之威而朝令夕改、倒言反行。这种人心诡谲、言行不一甚至背信弃义的普遍现象的发生，引起了思想家们的广泛关注和深切忧虑，他们纷纷建言计献策，力图矫正这种败坏的世风人心，这其中，墨子是积极主张人们言必行、行必果或极力奉行言行合一的思想家。

当然，在现实生活中，人们经常会遇到这样的情况：有人逼迫你讲了违心或违背道义的话，你就没必要一定要落实在行动上，但一般而言，只要是符合或不违背道义的话语或事情，你理所当然应该说到就尽力做到。说了就应该努力去做到，做不到的事情就不要乱说，讲究诚实守信、言行一致，这是做人的一种基本美德，无论是在古今中外，这都是一种具有普世性意义的对人的道德要求或行为规范。

《庄子·人世间》中有这样一个故事：

鲁国的名士颜阖来到卫国游历，卫灵公听说他很有才学，便打算聘请他当自己长子蒯聩的老师。

颜阖听闻蒯聩非常凶暴，任意杀人，卫国的人对他十分惧怕。对这样的人是否可以教导，他吃不准，因此去请教卫国的贤人蘧伯玉。

颜阖把自己对蒯聩的了解告诉了蘧伯玉，然后说道："如今大王要我当他长子的老师，我要是同意了，会很难办的。如果放任他而不引导他走正路，他一定会继续残害国人，给国家带来危难；如果对他严加管束，制止他胡作非为，他就会来害我。我该怎么办呢?"

蘧伯玉回答说："你想用自己的才能去教育蒯聩，是很困难的。如果真的当他老师，应该处处谨慎，不能轻易地去触犯他，否则便会惹出杀身之祸。就像有个人太爱自己的马了，见有虫咬马，便赶紧猛力拍打。结果惊了马，自己也被马踢死。"

蘧伯玉见颜阖不住地点头，便又举了一个例子："你知道螳螂吗?一次我乘马车外出，看到路上有只螳螂，不顾车轮正在朝它滚去，却奋力举起两条前腿走来，想挡住车轮行进。它不知道自己的力量根本不能胜此重任，结果当然被车轮辗得粉身碎骨。螳螂之所以被辗死，是因为它不自量力。如果你也不自量力，想去触犯蒯聩，恐怕也要落得个与螳螂挡车一样的下场。"

颜阖听了，决定不去触犯蒯聩，尽快离开卫国。后来，蒯聩因闹事而被人杀死。

一个人的能力是有限的，不知道这一点，打肿脸充胖子，硬是挺着去承担重大的责任和使命，这显然是出力不讨好。

不能量力而行，即力微负重，自身能力弱小，却承担自己力不能及的事情，如明明自己做不到却答应别人某事，明明自己能力不足却处于某一位置等，这样超出自己的能力范围，轻则损己，重则损人、损国。

凡事一定要量力而行，绝不能力微负重，否则，会给自己带来不幸。

小高以前在中关村一家计算机公司做高级程序员，她之所以离开该公司，主要是因为她在同事跟前抱怨老板的话，传到老板的耳朵里后，老板处处排挤她，逼得她不得不辞职走人。

事情是这样的。一天，老板交给小高一个难度很大的任务，并跟她事先声明："这件工作难度大，不知你敢不敢承担，敢不敢接受挑战。"尽管小高明白自己的实力有限，但她觉得在公司众人中，老板主动找她征求意见，说明老板器重自己，所以小高一咬牙就接受了。结果，由于老板给的期限较短，小高没能按时完成任务。因为此事小高遭到了老板的批评，并受到经济处罚。

可她感觉非常委屈也很气愤。小高认为：既然任务这么艰巨，做不完本是预料中的事。自己当时那么努力，没做完也不该算是工作失误。

"老板真过分，这么短的时间里，让我干那么难的活儿，我都说做不了，可他非让我做，没做完还罚我。"事后，小高跟身边的同事这么抱怨。结果，不久老板又给她新任务，还好，这回小高完成得相当顺利。

正当小高高兴时，老板又把一个难度更大的任务交给她。并说："这里我是老板，下属只有服从，不许抱怨。我不养白吃饭的人，适应不了就走人。如果你这次再完不成任务，就要考虑是否该换一份自己力所能及的工作。"

有时，面对自己根本没有把握的事情，一定要具体分析，估量自己的做事能力，千万不要盲目自信。"没有做不到的事"，虽然有正确的一面，但这是要看人看事的，做事时一定要实事求是，做不到就"退"。因此，我们在工作中，不要轻率承诺，承诺时不要斩钉截铁地拍胸脯，应留有一定的余地。当然，这种留有余地不是给自己寻找理由。承诺后，自己必须竭尽全力去兑现诺言。

任何事物都是不断地发展变化的。你原来可以轻松地做到的事可能会因为时间的推移、环境的变化而有了一定的难度。如果你轻易承诺下来，会给自己以后的行动增加困难，对方因为你现在的承诺而导致将来的失望。所以，即使是自己能办的事，也不要轻易承诺，不然一旦遇上某种变故，让本来能办成的事没能办成，这样一来，你在别人眼里就成了一个言而无信的伪君子。

在社会交往中，如果真能主动帮助朋友办点事，这种精神当然是可贵的。但是，办事要量力而行，说话要注意掌握分寸。因为，诺言的能否兑现不仅有个人努力程度的问题，还有一个客观条件的因素。有些在正常情况下是可以办到的事，后来由于客观条件起了变化，一时办不到，这种情况是经常会有的，这就要求我们在朋友面前，不要轻率地许诺。有的事，明知办不到，就应向朋友说清楚，要相信朋友是通情达理的，是会谅解的，千万不要打肿脸充胖子，在朋友面前逞能，轻率许诺。这样，不但得不到友谊和信任，反而会失去朋友。

孔子说："君子知之曰知之，不知曰不知，能之曰能之，不能曰不能，行之至也。言要则知，行至则仁。既知且仁，夫恶有不足矣哉。"意思是说，君子知道的就说知道，不知道的就说不知道，这是说话的重要原则。能做到的就说能做到，不能做到的就说不能做到，这是行为的准则。说话符合重要原则就是智慧，行为符合处事准则就是仁，既有智慧又有仁德，还有什么不足的呢?"是的，任何事情都要量力而行，在做事情的时候要充分分析自己的能力。感觉自己可以付诸行动的不妨常说；不能付诸行动的，就不要乱说，否则将会落下不守信用的恶名。

一分耕耘一分收获

【原典】

墨子曰："今以豚祭而求百福，则其富不如其贫也。"

【古句新解】

墨子说："现在用一头小猪祭祀却祈求百福，那么与其祭品丰盛，倒不如稀少。"

自我品评

有很多人总是祈求上帝的恩惠，却从来不想自己为上帝做过些什么；总是期望回报，却一如既往地吝惜于付出。一分耕耘，一分收获。只有通过辛勤的劳动，才能收获丰硕的成果，那些想不劳而获、以微不足道的付出却奢望百倍的回报，都是不可能实现的。

一个人在沙漠里行走了两天，途中遇到暴风沙，一阵狂沙吹过之后，他已辨不清正确的方向。正当快撑不住时，突然，他发现了一间废弃的小屋。他拖着疲惫的身子走进了屋内。这是一间不通风的小屋子，里面堆了一些枯烂的木材。他几近绝望地走到屋角，却意外地发现了一台压水机。

他兴奋地上前汲水，可任凭他怎么压水，就是压不出半滴来。他颓然坐地，看见压水机旁有一个用软木塞堵住瓶口的小瓶子，瓶上贴了一张泛黄的纸条，纸条上写着：你必须用水灌入压水机才能引水！不要忘了，在你离开前，请将水再装满！他拔开瓶塞，发现瓶子里果然装满了水！他的内心，此时开始交战着……

如果自私点，只要将瓶子里的水全部喝掉，他就不会渴死，就能活着走出这片沙漠！如果照纸条写的去做，把瓶子里唯一的水倒入压水机内，万一一去不回，他就会渴死在这地方了，到底要不要冒险呢？

最后，他决定把瓶子里的水全部灌入看起来破旧不堪的压水机里，水真的大量涌了出来！他以颤抖的手汲水，将水喝足后，他又把瓶子装满水，并用软木塞封好，然后在原来那张纸条后面，再加上他自己的话：相信我，真的有用。

这个故事告诉我们，不管做什么事，有付出才有回报。

有付出才有回报，这是绝大多数人都认可的，而且，很多人都有了实际行动，真正地付出了。但问题和矛盾还是产生了，因为其中大部分人对他们得到的回报并不满意，认为回报少于付出。

一位哲人曾说："我只想要一片绿叶，你却给了我整个春天。"付出就是这样一片小小的绿叶，当我们把绿叶奉献给世界时，世界却回报了我们整个春天，给我们意想不到的收获。当我们以无私奉献之心栽培桃李时，我们良好的品行便为我们铺就了一条通向生命果园的道路。

美国媒体大亨泰德·特纳经常引用老师对他的劝告，他的老师常对他说："那些想要超过别人的人，每时每刻都必须努力，不管愿不愿意。他们会发现自己没有娱乐，只有艰苦的工作。"虽然工作艰苦，但是对特纳而言这是他自己喜欢的事情，并且为他带来了丰厚的回报。

研究一下一些伟大作品的"初稿"是件很有意思的事，从杰斐逊起草的《独立宣言》到朗费罗写成的《生命之歌》，没有哪部作品在最终完稿前不是经过不断地修改和润色的。据说，拜伦的《成吉思汗》写了一百多遍，因为拜伦一直都感到不满意。

坐等什么事情的降临就好像盼着月光变成银子一样渺茫。希望宇宙中发生奇迹，能够取代自然法则的作用，那是不可实现的妄想。这些想法往往是懒惰者的借口，是缺乏长远规划者的托辞。

美国伟大的政治家亚历山大·汉密尔顿曾经说过：“有时候人们觉得我的成功是因为自己的天赋，但据我所知，所谓的天赋不过就是努力工作而已。”

所以，努力地工作被称为“使成功降临到个人身上的信使”。

世界上最糟糕的人莫过于厌恶自己的工作。或许环境逼迫你去做些单调乏味的工作，但你应该主动使它充满乐趣。如果我们要想在工作中获得良好的效果，就应该以这样的态度投入到工作中去。

如果你永远保持努力奋斗的工作状态，你就会得到他人的认可和称赞，同时也会脱颖而出，并得到成功的机会。

只有耕耘才有收获。一个人的成功有多种因素，环境、机遇、学识等外部因素固然都很重要，但更重要的是依赖自身的努力与勤奋。缺少勤奋这一重要的基础，哪怕是天赋异禀的鹰也只能栖于树上，望天兴叹。有了勤奋和努力，即便是行动迟缓的蜗牛也能雄踞山顶，观千山暮雪，望万里层云。

世界上的事，从来都是“一分耕耘一分收获”。天空赋予大地以雨水，大地反馈给天空一片葱绿；大自然赋予人类以呼吸的氧气，人类回赠给大自然一个繁华的世界；名山大川赋予人类以自然美景，而人类给予它的则是一份无穷的眷恋。不付出就不会有收获，世上从来就没有免费的午餐。怕吃苦，图安逸，是成不了大事的。试想：哪位杰出人物不是历尽人间诸多苦难才奋斗出来的。好好努力吧，勤奋工作，努力耕耘，有一分辛劳就会有一分收获。

自信者方能成功

【原典】

墨子曰：“君子进不败其志，内究其情，虽杂庸民，终无怨心，彼有自信者也。”

【古句新解】

墨子说：“君子仕进顺利、有所成就时不会改变他平素进取的志向，不得志的时候也是一样，在逆境中能反思失败的原因。即使落魄地降为平民，终日与普通民众杂处在一起，终究也不会有任何抱怨的心理，也不会自暴自弃，这是因为他有自信心的缘故。”

自我品评

人生永远不可能一帆风顺，生活中人们总会遇到一些荆棘与坎坷。当这些不幸将我们笼罩时，有些人便会沮丧、失望、痛苦、逃避、低头、认输……

墨子说：“古代治理国家的王公大人，都想使国家富强，人口众多，法律政事有条理。然而求富不得反而贫穷，人口不增反而减少，想治理好反而混乱，这是从根本上失去了所想的，而得到了所憎恶的。”墨子认为是持“有命”观点的人太多了。

主张“有命”的人说：“命里富裕就富裕，命里贫穷就贫穷；命里人口众多就人口众多，命里人口少就人口少；命里治理得好就治理得好，命里混乱就混乱；命里长寿就长寿，命里短命就短命。虽然自己力量强大，又有什么用呢？”

针对“有命”的观点，墨子从“本原的、推究的、实践的”三个方面进行了有力的辩析。其中，墨子说道：“现在天下的士人君子，有的认为有命。为什么不向上看看圣王的事迹呢？古代，夏桀乱国，商汤接过国家并治理它；商纣乱国，武王接过国家并治理它。这个世界并没有改变，人民没有变化，桀纣时天下就混乱，汤武时天下就得到治理，怎么能说是有命呢？”

墨子对“有命”论的批判启示我们，人应自信、自立和自强，尤其是面对困难的环境时，更要相信自己，努力去改变不利局面，在困境中自立、自强。

“金无足赤，人无完人”这句话是说每个人都有某方面的不足，没有哪个人是十全十美的，无论是在生理上还是心理上都有着或多或少的缺陷和不足。但是能否敢于正视自己的缺陷和不足，而且不被它削弱自信，却是强者和弱者的区别。强者敢于正视自己的不足和缺陷，不为此自卑，相信自己一定能成功，而弱者恰恰相反。

大家都知道美国总统罗斯福是个残疾人，那他是个强者还是弱者呢？1962年，美国历史学会组织美国历史学家投票，选出了五位最伟大的总统，富兰克林·德拉诺·罗斯福排名第三，仅居于亚伯拉罕·林肯和乔治·华盛顿之后，成为美国历史上唯一一位连任四届、入主白宫时间最长的总统。

罗斯福被公认为世界历史上能够扭转乾坤的巨人之一。关于他的国内政绩，关于他在世界历史上曾经发挥的作用。另一位伟人温斯顿·丘吉尔说：“罗斯福是对世界历史影响最大的一位美国人。”

罗斯福是非常自信的，他在39岁患上脊髓灰质炎（俗称小儿麻痹症）之后，凭着顽强的毅力积极配合治疗，终得幸免于全身瘫痪；后来他竟拄着双拐或坐着轮椅出现在1932年总统竞选的讲坛上，并成为美国历史上唯一一位身罹残疾的总统。

自信在罗斯福一生的成长和事业中起到了重要作用，在他第一次就职演说中，针对当时美国社会的经济“大萧条”情景说：“首先让我们表明自己的坚定信念：唯一值得恐惧的东西就是不可名状的、未经思考、毫无根据的恐惧，使得转退为进所需的努力陷于瘫痪的恐惧。”

纵观罗斯福一生，我们可以肯定地说，他虽然身罹残疾，但在迄今为止所有的美国总统中，远不是每一位都像他那样具有一颗如此健康的心灵。

人们无论从事什么职业，做什么事情，都应该做到“进不败其志”和“内究其情”。在身处顺境时，还要积极进取，勇于开拓，不改夙志；而身陷逆境之时，则要躬身自省，探究失败之由。此外还应做到无论何时都要对自己充满自信心。因为只有这样，才能把事情做到成功，才能使自己的学习和事业一帆风顺。

著名物理学家杨振宁曾经谈到科学家的胆魄问题：“当你老了，你就会变得越来越胆小……因为你一旦有了新思想，会马上想到一堆永无止境的争论，害怕前进。当你年轻力壮时，可以到处寻求新的观念，大胆面对挑战，而年纪大了的人疲于奔波，疲于争论。我常常问自己，是否已经丢掉了自己的胆魄？”这些事例都从反面证明了没有自信就没有胆量，没有胆量就会磨灭想象力和独创精神。所以，缺乏自信是创造力和智慧的最危险的敌人。

信心是一种最坚强的内在力量，它能够帮助你度过最艰难困苦的时期，直到曙光最终出现。信心从未令人失望，它会使人发现自身的价值和潜能，取得成功。卡耐基说：“自信才能成功。”我们可以通过各种方式得到这样的结论。一个有魅力的人，都是绝对自信的，而那些碌碌无为的人，只要偶尔遇到一点挫折，他们就会心灰意冷，一蹶不振。失败的人之所以失败，就是因为他们自己不相信自己。没有自信的人是很难成功的，就像没有脊梁骨的人很难挺直腰杆。

从某个角度而言，自信比学识、环境、机遇等是更有分量的成功因素。缺乏自信，一个人纵然经纶满腹，也会因为怀疑自己的能力而导致才能无法淋漓尽致地发挥；缺乏自信，纵然时机已经完全成熟了，也会因为担心失败而不敢去尝试；缺乏自信，纵然机会女神把绝好的机会推到你面前，你也会因为担心自己驾驭不了机会而甘愿放弃。所以，不要觉得命运对自己不公平，因为命运掌握在自己手里；不要觉得自己能力不行，那是因为自己没有付出足够的努力。故此每个人都应该自信、自立和自强。

志不强者智不达

【原典】

墨子曰："志不强者智不达。"

【古句新解】

墨子说："意志不坚强的人，智慧一定不高。"

自我品评

墨子说：意志不坚强的人，智慧也不会高到哪里去。他把意志放到了非常重要的位置。有了坚强的意志在其一，其二还要有审时度势的智慧。而战胜困难，打败挫折，你必须练就钢铁般的意志。人生的道路是布满荆棘的，世间万物也是利弊共存的。无论是个人，还是一个国家、一个民族，在发展的道路上都不是一帆风顺的。我们在面对利害关系时应审时度势，辩证地处理，才能趋利避害，求得生存、求得发展。而墨子"断指以存腕"、"两而勿偏"的思想正给我们指出了一条光明大路。我们应充分利用这一辩证思想去分析事物矛盾的双方，力争全面地把握事物的全貌，从而做到"断指以存腕"。这才是一个真正的智者。坚忍不拔的钢铁意志是你成功的根本保障，善于趋利避害是你前进的助推器。面对人生无常，命运的捉弄，只有调整心态，把握好自己的命运，方为上策。

利中取大，害中取小

墨子提出：“指以存擘，利之中取大，害之中取小也。害之中取小也，非取害也，取利也。”意思是说，断指来保存手腕，是于利中选取大利，于害中选取小害。在害中选取小害，并不能算是取害，实际上是在取利。

“祸兮，福之所倚；福兮，祸之所伏。”是老子隽永的格言。祸未必就是祸，福也未必就是福。祸福相生，变幻无形。老子此言已有要求人们全面把握事物本质的朦胧意识。而墨子则更加明确地提出了应全面权衡利害关系的辩证思想，即“两而勿偏”。认为人们思考问题应考虑全局，要全面地看问题，而不应片面性地看问题。

“断指以存腕”就是墨子对这一辩证思想的形象比喻。“存指”是小利，“存腕”是大利，所以“断指存腕”是“利之中取大”。“断指”是小害，“断腕”是大害，所以“断指存腕”是“害之中取小”。而“存指”看似是小利，实为大害，皮之不存，毛将焉附？腕没了，哪还来的指呢？所以“断指存腕”是“非取害也，取利也”。这就好比怀财而行，遇到强盗的掠夺，是害；舍财而保全性命，是利。若肯舍财而保命，就是于害中取利；但若舍命而保财，看似是有利，而实际上将人财两空，是舍利而取害。

莫要丢了西瓜捡了芝麻

西瓜与芝麻谁大谁小，谁轻谁重，一看便知，这是三岁小孩都能分辨的。但在现实生活中分辨西瓜芝麻却未必那么容易，大与小、多与少，并非一看便知，常常会有人干出捡了芝麻丢西瓜的蠢事。

战国时，楚国请匠师公输班帮助制造云梯，准备攻打宋国。墨子听说后，星夜赶到楚国，劝楚王放弃攻打计划，他讲了一个西瓜和芝麻的道理：

“楚国的土地，方圆五千里，宋国的土地，方圆五百里，这就像彩车和破车相比；楚国有个云梦泽，犀牛、麋鹿满地都是，长江、汉水里出产鱼鳖鼋鼍，算得上天下最富饶的了，宋国却是连野鸡、野兔、鲫鱼都不出的地方，这就像好饭肉食跟糟糠相比；楚国有高大的松树、纹理细腻的梓树、楩木、楠木和樟树，宋国却连大树都没有，这就像锦绣衣裳和粗布衣服相比。”

墨子所言，楚王未必想不到。楚王私心是想占点便宜，捡了芝麻又不丢西瓜，岂不更好？然而墨子的话也没有说完，西瓜是自己的，芝麻却是别人的，强占别人的，哪怕只是一点点，常常会付出自己整个的代价。

贪心不足的人，往往因小失大；私心太过的人，常常得不偿失。

目光远大的人，办大事，成大业，胸怀大目标，便不会被眼前的小利小惠所惑，便能够在西瓜与芝麻之间作出正确的判断。

大智大勇的人才能获得巨大的成功，大谋大略的人方能取得大利大惠。当然，大智大勇的人也有本末倒置的时候，目光远大的人也会有侥幸心理。这也导致了他们在西瓜和芝麻之间做出错误的选择。

隋文帝是中国历史上少见的节俭君主。他要求他的臣子及儿女都这样。太子杨勇英明果敢，在参与朝政时表现得很突出。但隋文帝不重视大节，倒对杨勇多了几个姬妾及做事有点喜欢讲排场极为不满。另一个儿子杨广，正好抓住这一点大做文章。隋文帝便下决心废掉杨勇改立杨广为太子。最后，杨广登位，成为隋炀帝。他并没有像他父亲那样节俭，而是骄奢淫逸，臭名昭著。最后，彻底葬送了隋朝的大好江山。

区分眼前利益和长远利益、表面利益和根本利益的大小，其实就如同区分芝麻与西瓜的大小一样简单，但为了西瓜敢丢芝麻、为了长远利益能舍眼前利益、为了根本利益能无视表面利益、为了远大目标能忍住当前诱惑，即使是大智大勇的人，也不是轻易就能做到的，这不得不引起所有人的重视。

要学会丢卒保车

在军事上，运用丢卒保车策略，主要是以战术上的代价换来战略上的主动。第二次世界大战中，英国为了实施“尼普顿计划”，保护其特工组织不被德国破坏，采取丢卒保车之计，故意让伦敦监督处（英国欺骗战总部）预先把空袭德国的计划透露给德国人，结果，使德军以损失六架战斗机的微小代价，击落了英国皇家空军的176架轰炸机。然而，这一牺牲，却换来了数以万计的盟军士兵在诺曼底登陆时免于死在海滩上的结果。同时，也使德军对盟军的进攻措手不及，从而盟军赢得了战略上的主动权。

丢卒保车在日常应急应变中的运用也很多。有这样一个历史故事：唐朝的徐敬业小时候十分调皮，放荡而不守规矩，且到处闯祸。其祖父很不喜欢他，常说："这个孩子面相不好，将来会给我们带来灭族之祸。"于是，在一次打猎中，徐敬业的祖父让他到林子中去驱赶野兽，随后，便乘着风势放火烧林子，企图把徐敬业烧死，以免家族的后患。

大火烧起来后，徐敬业才知晓，此时已无处藏身。突然他想到骑着的马，他便把马杀了，随即伏身躲进马腹里。大火过后，他从马腹中出来，虽然全身都是马血，但保住了性命。徐敬业杀马保命，不仅有丢卒保车的意义，其实更有丢卒保帅的神韵。

人们的一切活动都与其利益相联系。为了生存、发展和社会的进步，人们不仅不断地争取着利益，同时也力图最大程度地保全既得的利益。这种利益，有的是个体的，有的是群体的，有的可能是全社会的。社会生活是纷繁复杂的。人们在争取和保全利益的过程中，必然要发生一些矛盾、冲突。也就是说，在社会生活中，人们的利益不可避免地会受到这样那样的威胁。在威胁面前，人们的主观愿望肯定是保全所有的利益不受损失，然而，当客观情况不可能达到这一点时，丢卒保车不失为一个良策。正是从这个意义上，我们说丢卒保车是不得已而为之的应变术，这一应变术虽然算不上万全之计，但以长远的眼光看，仍是一种积极的策略。一切战略家、一切有远见的人，在处理利益矛盾和冲突时，无不经常运用此术。

由此可见，做事能够成功的人，一定有很高的智慧；做事不成功的人，智商不一定高。要做一个智商高的人，不仅要有坚定的目标，更要学会审时度势、灵活应变，这样，才能顺利到达成功的彼岸。

第二章 国有贤良之士众，则国家之治厚

——墨子原来这样说尚贤使能

以德治、礼治为根本的传统社会，人治的意味很重，因而人才对于治国理政也就具有格外重要的意义。

在墨子看来，当时的统治者都是希望实现“国家富强”、“民众增多”、“社会安定”的，但是实际情况是国家不能富强，反而贫困；民众不能增多，反而减少；社会不能稳定，反而更加动荡。独具慧眼的墨子认为，那是由于统治者不知道“尚贤”的缘故造成的。要想治理好国家，当务之急就是要崇尚、重用贤能之人，就是要增加国内贤良之士的数量。

用人不疑，疑人不用

【原典】

墨子曰：“唯信身而从事，故利若此。”

【古句新解】

墨子说：“做事诚信，相信别人，才能将事情办成，从而在其中得到利益。”

自我品评

墨子在此主要强调的是如何用人的问题，当然墨子这里所言的“利”也不是唯利是图的个人私利，而是对民众有益的“公利”。可以说，在整个“尚同”思想中，墨子一再强调下级应该尚同于上级政长的意见，但是同时他也指出，上级政长反过来也一定要信任和重用下级。也就是说，既然任用他们，就要真心地相信他们，这样才能换来下属真诚的回报，正所谓“疑人不用，用人不疑”，就是这个道理。

在封建社会里，明君与昏君的一个重要区别就在于用人。明君用人不疑，使谋臣忠于内，将帅战于外，尽心竭力，报效朝廷。而在现代社会用人不疑，充分发挥人才的聪明才智，更是每一位老板成就一番事业的重要保证。

纵观历史，清末大亨曹财东就在这方面做得很好。

清朝末年，山西太谷的曹家，觉得沈阳是个很有前途的市场，于是，想在沈阳开设一家富生峻钱庄。随后，曹家的曹财东对掌柜的人选，进行了慎重的选择，一方面求人推荐，另一方面自己亲自查访应聘人的身世、家世，多方考察其品行、道德、能力。最后，在一位德高望重、家道殷实的保荐人的推荐下，才正式聘用了一位掌柜，并将七万两银子交给他做本钱，打发其赴沈阳上任。

然而，让曹财东没有想到的是，这位掌柜在沈阳经营的这几年，不仅没有为东家赚到钱，反而，还将东家的七万两本银也赔了进去。万般无奈之下，这位掌柜只得回太谷，向东家汇报这几年钱庄的经营状况。在见到东家后，他一一分析了赔钱的主、客观原因，并申明不是自己不尽职守，实在是有些意想不到的因素，导致了亏损，他愿意承担责任，即使被辞退也毫无怨言。

曹财东听了掌柜的全面汇报之后，也感觉到了赔钱的原因符合实际，还入情入理，在心中认真考虑了一番后，不但没有生气与责怪掌柜，反倒问他："你还敢不敢继续干?"掌柜的不明白是怎么回事，却肯定地连连点头，随后，曹财东又给掌柜拨付了第二笔资本。得到东家的鼓励以后，这位掌柜携资再赴沈阳。

不料想，几年过后，掌柜将第二笔资本又赔光了。此时此刻。掌柜感到十分惭愧，又向东家表示自己的歉意，并且还决定以引咎辞职来赎罪。但是，曹财东在听了掌柜的第二次赔钱报告后。做出了一个令他感到震惊的举动，因为东家竟然又拿出了第三笔本钱。并继续鼓励他不要灰心，认真总结经验教训，相信他一定能经营好富生峻钱庄。

掌柜见曹财东对自己如此信任，不禁感激涕零，并下定决心一定要干成、干好，以报答东家对自己的知遇之恩，否则，再也无颜见三晋的父老乡亲了！再次回到东北那片熟悉的土地以后，掌柜重振旗鼓，整顿人事，在总结了前两次赔本教训的基础上，针对目前的实际情况，改变了过去的经营方法。令人振奋的是，没过多久，掌柜的改革，便收到了明显的效果。

几年后，富生峻不仅赚回了前两次赔的钱，而且还获得了巨额的盈利。

掌柜感念曹家的恩德，不敢居功自傲裹足不前，于是，在钱庄恢复生机之时，依然想尽办法来扩大经营，他用赚来的钱，根据东北盛产高粱的优势，为东家在四平街新开办了富盛泉、富盛长、富盛成、富盛义四家酿酒店，经过掌柜的细心管理，这些酿酒店的生意是红红火火，而另一边富生峻钱庄也不落下，不但在沈阳成为了首屈一指的大户，还为曹家赚了大量的黄金白银!

从曹财东的经营理念之中，我们不难发现“信任”这两个字，而他也在用自己的亲身经历，告诉商人们，应学会善用人才，即使遇到年终结算发生亏赔，只要不是人为失职或能力不足造成的，就继续选择相信。虽然，曹财东选人非常之谨慎，但他却是用人不疑，在著名的古代晋商之中，他这种惜才、爱才的做法，早已传为了一种美谈，并为众多“财东”所仿效。

其实，在现代商业经营过程中，曹财东那种识人、用人的眼光与用感情重托，使员工们殚精竭虑，以图报效的领导艺术，亦是非常值得商人们借鉴的。对于从事商业的人而言，晋商的经营智慧不容小视，它凝聚了中华文明所有的商业精华，聪明的商人，一定能在其中收获良多。

在现代企业中，人才是塑造企业品牌的核心资源。因此，在管理模式上，出现了由“以物为中心”向“以人为中心”转变的人本管理，人才竞争也因此成为企业竞争的重要内容。“以人为中心”的管理要求理解人、尊重人、充分发挥人的主动性和积极性。每一位明智的管理者，都会选择这么做。

作为小公司而言，小老板在用人方面可以有许多做法，但要使人才充分发挥自己的聪明才智，信任是最为重要的。也许经常能够听到某大企业的老总在谈到用人时会说：“信任是我用人的第一标准。”这句话不仅是事实，更是用人的前提。用人不疑，疑人不用。身为小老板，既然你选择了他，便不应怀疑，不应处处不放心。既然你怀疑他，你不要用他好了。用而怀疑，实际上是最失策的。

索尼公司的创始人盛田昭夫，为了表示自己对人才的信任，他将所录用的人的人事档案烧掉，只看行动，不问过去如何。英雄不问出处，只看眼前表现。信任才是解除小老板内心猜疑的第一途径，这也是令小老板获得成功的经验之谈。

要搞好现代企业，就要把信任作为企业最好的投资。信任是未来管理文化的核心，它代表了先进企业未来的发展方向。松下集团在新员工上班的第一天，就对员工进行毫无保留的技术培训。有人担心，这样可能会泄露商业秘密。松下幸之助却说，如果为了保守商业秘密而对员工进行技术封锁，员工会因为没掌握技术而生产更多的不合格品，加大企业的生产成本，这样的负面影响比泄露商业秘密带来的损失更为严重。而对于以脑力劳动为主要方式的企业（如软件业），其生产过程根本无法像物质生产那样被控制起来，信任也是唯一的选择。

是的，在现代社会，领导者同样需要“信身而从事”，要信任下属，放手让他们去做事，给予他们一定的权力和行事的自由，不能听到一些对他们不利的言语就产生怀疑，否则便会造成上下级之间的相互猜疑和隔膜，影响正常工作的开展。领导者就应该从整体和全局的立场出发，充分信任下属，然后再详察审断，这样才有利于各项工作的开展。总之，为了事业的成功，必须建立上下级之间的信任关系，而这需要身居领导职位的人自己首先要具有诚信意识，同时还要相信他人，要以宽广坦荡的心胸对待他人，以换取他人的真诚和信任，而切不可让猜忌和怀疑败坏上下级彼此信任的关系。

晋商之所以能够在中国商业史上独树一帜，甚至在亚洲与世界商业史上占据一定的位置，与其运用中国人的传统智慧，创造出一系列企业经营方面的独到经验是分不开的。其中，就有“疑人不用，用人不疑”之道，对今天的商场经营有较大的借鉴意义。因此，“信身而从事”，既利国利家，也利人利己，值得我们每个人身体力行。

不拘一格降人才

【原典】

墨子曰："古者圣王之为政，列德而尚贤，虽在农与工肆之人，有能则举之，高予之爵，重予之禄，任之以事，断予之令。"

【古句新解】

墨子说："古时候圣王治理政务，要给有德之人安排职位，崇尚贤能之士，虽然是从事农、工、商的平民，只要有贤能就加以提拔，给予高贵的爵位和优厚的俸禄，委任他处理实际事务，授予他决断的权力。"

自我品评

墨子生活的时代，各诸侯国所采用的基本上还是一种世袭的"世卿世禄"制度，宗法血缘关系在社会上还有相当的影响，社会地位低下的人即使有出众的品德和才干，也很少有机会参与国家的政治。面对这种情况，墨子提出了"列德尚贤"、"唯才是举"的主张，倡导行政权应该向一切有才能的人开放，尽管他们是出身贫贱的农与工肆之人。或者说，墨子提倡的"尚贤"主张，带有一种平等的意识，认为只要贤能有才干，不管亲疏远近、贫富贵贱、出身如何都应该得到重用。他的主张反映了社会下层普通民众特别是新兴的士阶层对参与政治的强烈要求，具有划时代的意义。另外，墨子在倡导"尚贤"的同时也提醒国君要在政治、经济、职权等各个方面提高贤良之士的地位和待遇，给予他们真正的信任和权力，这样才能保证他们发挥自己的聪明才智，以便更好地辅佐君主治理国家和民众。显然，墨子的上述人才观，是很值得我们吸取和借鉴的。

墨子倡导“尚贤”，但是这种主张也不仅仅是简单的崇尚贤人，因为墨子也注意到了即使贤能之人，他们的才能也还是有差别的。为了更好地让贤能之士辅佐国君治国理政，墨子认为在任用贤能之士的同时要有相对明确的责、权、利的规定和赏罚分明的激励机制。

责、权、利的明确规定，即“以德就列，以官服事，以劳殿赏”。所谓的“以德就列”，一方面是对官员的道德要求，另一方面也是对官员的才能的要求，即要求官员既要品德高尚，又要有实际的能力才干。所谓的“以官服事”，则意在强调官职不仅仅意味着是一种身份和地位，而更重要的还意味着是一种权力和责任，这要求官员必须做到在其位谋其政，而且应该具有一种利国利人、尽心尽力为百姓谋福利的精神。所谓的“以劳殿赏”，则是主张对官员进行严格的政绩考核，根据贡献大小，用赏罚分明的办法和激励机制来对官员进行奖惩。

墨子曰：“官无常贵，民无终贱，有能则举之，无能则下之。”这句名言，可以说充分表达出了墨子“尚贤”思想的核心理念，他希望统治者能够破除陈规旧制而不拘一格地选拔有真才实学的人，让他们参与到治国理政的实践中来，而且，主张在官员的任用问题上应根据能力的标准并坚持能上能下的原则。显然，他的这一主张主要是针对当时的一日为官则终身富贵的官位世袭制度而提出的，而他能够在两千多年前就明确提出一种能上能下的官员录用的用人原则与机制，实属难能可贵。

墨子曰：“唯其可行。譬若药然，草之本，天子食之以顺其疾，岂曰‘一草之本’而不食哉？”意思是说只要主张和建议可以行得通，就好比良药，虽然只是一棵草根，但是天子服用它。就可以治疗疾病，难道能说“这只不过是一棵草根”，而拒绝服用吗？

墨子说这句话的背景是，他到楚国拜见楚惠王，但是楚惠王因为墨子是贱人，就以年老为借口推辞，派穆贺接见墨子。墨子接着向他游说，穆贺大悦，对墨子说：“你的主张实在好啊！然而，君王是天下的大王，恐怕他会说‘是贱人所干的’，而不会采纳吧?”

因此，墨子说了上面那段话，并且举例来证明自己的观点：现在农民把他们的赋税缴纳给贵族，贵族置办酒类谷物来祭祀上帝鬼神，上帝鬼神难道会说“这是贱人种的”而拒绝享用吗？所以，即使是贱人，往上可比作农民，往下可比作草药，难道尚不如一把草根吗?

显然，上面的引言充分体现了墨子出身平民的平等的草根意识，在墨子看来，见解的高低、才能的大小是不能以尊卑贵贱的出身来衡量论断的。有用的意见和建议，即使是出自卑微之人的口中，只要对于治理国家有利，就应该被重视和采纳，像一棵草根，只要这棵草根有药用疗效的价值，能够医治人的疾患，就应该服用一样。因此，统治者应“唯才是举”，而不能因人废言，“出身论”有害而无益。

春秋战国时期，各国用人都注意兼收并蓄。一方面用人无国界，蹇叔本是宋国人，但最后做了秦国的大臣，伍子胥也不是吴国人却做了吴国的大将军，这样的例子不胜枚举。另一方面各国都注意招纳不同层次的人才，只要有一技之长，就全都纳于门下。这时各国诸侯纳士成风，比较著名的有赵国的平原君、魏国的信陵君和楚国的春申君等。他们诚心求贤，一时宾客盈门，其中既有旷世奇才，也有“鸡鸣狗盗”之徒。人才不可以说不杂，但在需要之时他们都各显神通，可见择才重在兼收并蓄。

唐太宗李世民用人也遵循这一原则，他提出选择人才要“拔人物则不私于党，负志业则咸尽其才”。在他即位前和即位后都注重人才的选拔，注意搜罗天下各方面的人才，而对其他方面不予计较。他生前重用了萧瑀、秦琼和程咬金等异己集团的人才。特别是大臣魏征，曾帮助太子李建成策划争取皇位，“玄武门之变”后，李世民还是重用了魏征，魏征后来也以强谏而出名。

近代史上，北大校长蔡元培提出“兼容并包”的办学方针，一方面他聘请新文化运动的健将如陈独秀、李大钊等做教授；同时又聘请一批守旧的文人讲学，蔡元培的这一方针实质是要让新旧思想相互竞争最后适者生存，这样做的结果不仅促进了新思想的传播，而且繁荣了学术并推动了北京大学的发展。

用人要从多方面考虑。管理者应广收“五湖四海”之人，根据他们的不同情况然后加以任用。龚自珍说：“善相马者天下无弃马；善相士者天下无弃才。”说明了用人兼收并蓄的正确性和合理性。

墨子主张在重用贤能之人的同时，也要加大对他们的考核力度，反对无功受禄、尸位素餐，进而真正实现政治上能上能下的公平竞争机制。可以说，墨子的这种主张给古代注重血缘关系、以“尊尊”、“亲亲”为原则的官位世袭制敲响了丧钟，代表了一个时代的最强音。

李斯在《谏书逐客》中曾说：“泰山不让土壤，故能成其大；河海不择细流，故能就其深。”这段话形象地说明了要招纳任用各阶层的人才而对一些细枝末节不予计较。一言以蔽之就是择才任才要“兼收并蓄”，即在大方向的前提下，把人才的不入主流的方面暂且搁置在一边而“求同存异”。

所以，尚贤使能就应该如此，只有不拘一格才能找到真正的人才。

因人任事，知人善任

【原典】

墨子曰："然后圣人听其言，迹其行，察其所能而慎予官，此谓事能。故可使治国者，使治国；可使长官者，使长官；可使治邑者，使治邑。"

【古句新解】

墨子说："然后，圣人听取他的言论，访察他的行为，考察他的能力，谨慎地授予他官职，这就叫做"事能"。因此，其才能可以治国的，就让他治国；其才能可以主持官府的，就让他主持官府；其才能可以管辖邑里的，就让他管辖邑里。"

自我品评

墨子在这里强调的重点是如何考察贤能之人的方法问题，即应该做到"听其言观其行"，进而全面考察他的能力，然后根据能力大小再授予他相应的职务。可以说，古代政治的问题就是人管理人的问题，如何选拔和任用管理人员乃是任何时代的政治家都无法回避而应给予充分重视的问题，而墨子提出的这种注重从政官员实际能力考察的主张无疑是抓住了政治问题的根本或要害的。

秦王之后，楚汉相争。初期，刘邦与项羽相比，无论在军事上，还是政治上，都完全处于劣势。在各路义军进攻秦的时候，曾共同约定，谁先进入秦都咸阳谁就为王。结果刘邦首先进入咸阳后，慑于项羽的威势，不但不敢擅自称王，而且不得不封存库银，静候项羽的到来。

项羽打算灭掉刘邦，便在鸿门设宴，邀请刘邦前往。刘邦虽明知杀机四伏，却只能硬着头皮前往，幸好有张良、樊哙等人尽力保驾，刘邦才得以死里逃生。刘邦与项羽两人的实力差距，由此可见一斑。可令人意想不到的是，楚汉之争的结局却是以项羽兵败垓下，自刎乌江，刘邦登基建立汉朝而告终。

那么，到底刘邦胜于何处呢?

刘邦建立汉朝，定都洛阳后，便在南宫摆宴庆功。他回首自己出身草莽，斩白蛇而起义，却能转战南北，终成帝业，感到十分满意自得，对于自己能够在楚汉之争中取胜的原因，他想听一下臣属们的看法。刘邦要大臣们说实话，不必隐瞒自己的想法。

高陵和王起二人回答说："您与项羽为人处世大不相同，您对人虽然傲慢无礼，但您在派人攻克城池和占领地盘之后，就将所得到的城池和土地封赏给有功的将领：与此相反，项羽对人虽然仁爱恭敬，但他嫉贤妒能，加害忠臣，怀疑贤良，不能做到赏罚分明。这就是项羽失天下的原因。"

刘邦听完，说："诸位只知其一，不知其二，运筹帷幄之中，决胜千里之外，我不如张良；安邦定国，抚慰百姓，供应物资，不绝粮饷，我比不上萧何；统率百万大军，每战必胜，每攻必克，我又不如韩信。这三个人都是人中豪杰，我能重用他们，这才是我所以能得天下的根本原因。至于项羽，虽然有一个范增却不能重用，这就是他最终被我消灭的原因。"

刘邦的这番话的确很深刻，道出了事业成败的关键在于人才，项羽并非手下无人，当初他力量强大，名声显赫，名人志士纷纷前往投奔。可他很少能对他们充分利用，委以重任。他最得力最有才识的谋士范增，得到了他的尊重，称为"亚父"，可还是得不到他的信任。项羽对他一直疑心重重，经常不纳良言，终于中了刘邦的离间计，气走了范增，成为孤家寡人。击败项羽的大将韩信，起初投在项羽帐下，仅被委任为执戟郎，充当卫士，这才背楚向汉，经萧何力荐被刘邦拜为大将，立下赫赫战功，被封为淮阴侯。刘邦的谋士陈平，与韩信一样，也是从项羽处逃亡汉营的，陈平施反间计气走了范增，后来任汉丞相多年。正是由于刘邦善于识人用人，帐下谋士众多，猛将如云，集聚了一批文武干才，如张良、萧何、韩信、陈平、周勃、灌婴、郦食其、曹参、樊哙等，才得以建立了大汉王朝。

显然，刘邦之所以能够战胜项羽，平定天下的重要因素就是他能够做到爱惜人才、知人善用。俗话说："千军易得，一将难求。"对于那些想成就一番事业的人而言，只有得到有过人之处、能独当一面的贤才良将的辅佐，并博采其长、为己所用才能实现自己远大的理想和抱负。

唐太宗李世民说过："智者取其谋，愚者取其力，勇者取其威，怯者取其慎。"他是在强调作为领导者应该因人任事、知人善任。史载，唐太宗令封德彝举荐人才，封领命后很久都没有举荐一个人。太宗追问原因，封德彝说："非不尽心，但于今未有奇才耳!"太宗责备他道："君子用人如器，各取所长。古之致治者，岂借才于异代乎?正患己不能知，安可诬一世之人!"（《资治通鉴》卷一九二）人各有所长，用人就要根据不同人的特点而各取所长。

古人在用人方面的真知灼见至今仍然熠熠生辉，不妨认真借鉴一二。

可见，用人得当，合理分配工作是十分重要的。那么，领导者应该如何分配工作呢?

1.任务要统筹把握

在分配工作时，领导者首先应考虑分配对象是否能够完成任务，并保证总体目标的实现。但是，如果总是立足于这一点，就会忽视和放松对下属的培养以及调动其工作的积极性，必然就会减弱企业的生机与活力，造成企业的后劲不足。

正确的指导思想应该是“远”与“近”的结合，既要保证完成目前的任务，又要注意从长计议，注重人才的培养。

2.工作标准要高低适度

在同等条件下，领导者分配工作时要公平合理，平等待人。否则，下属就必定会不满。俗话说：不怕苦，就怕不公。说的就是这个道理。

在外在条件、内在素质等因素均有差异的情况下，既要一视同仁，从严要求，又要因人而异，有所区别。

3.分配任务要强弱互补

遇到需要多人紧密配合才能完成一项具体任务的情况时，在确定人员、明确分工和具体职责时，既要充分发挥他们各自的优势，又要注意挖掘他们之间的合力和互补作用，尽量做到使他们能够在性格上相合，心理上相融，能力上相补，最终达到 1 十 1>2 的最佳效果。可以将粗心的人与十分细心的人搭配起来；让性格急躁的人和稳健的人一起合作，使他们能够互相提醒与开导，取长补短，发挥更大的力量。

4.用人才要扬长避短

一个人身上的长处和短处不是一成不变的。“长”可以变“短”，“短”也可以变“长”。在分配工作时，在允许的条件范围内，领导者要力求扬长避短，尽量发挥各自的特长，使其有用武之地。这样便有利于调动下属的积极性，搞好工作。领导如果采取“短兵长用”的方法，往往能够获得意想不到的效果。

墨子非常强调贤士的重要性，贤士关系到国家的兴衰成败、长治久安，执政当权者应该以国家为重，从大局出发来亲近和重用他们，要充分发挥贤士的才智，让其献言献策，乃至委以治国理政的重任。

的确，21 世纪没有完美的个人，但是却有完美的团队。只要领导者学会因人任事，知人善任，相信一定能够打造出一流的团队。

任用贤者，远离小人

【原典】

墨子曰："谄谀在侧，善议障塞，则国危矣。"

【古句新解】

墨子说："如果国君身旁都是些阿谀奉承之徒，正确的进谏就会受到阻塞，那国家也就危险了。"

自我品评

"忠言逆耳利于行，良药苦口利于病"，英明的国君不可宠幸阿谀奉承、溜须拍马之徒，而是要重用敢于诤谏劝善的耿直之人，显然这对统治者而言需要超人的胆识和魄力。管理之道在于广开"善议"之途，善于倾听不同的意见和呼声，并且积极采纳正确的意见，杜绝阿谀奉承之言。这对于那些只喜欢"报喜不报忧"的不良的领导作风有一定的警戒作用。

齐桓公四十一年，管仲病重将死，齐桓公向他问道："你死之后，群臣中谁可以担当相位？"管仲回答说："了解臣子的莫如君主了，您应该最清楚。"

齐桓公说："易牙最疼爱寡人，他见寡人病了，郎中说要吃小孩肉才能治得好，易牙二话不说就把自己的儿子杀了，熬汤给寡人喝，果然就把寡人的病治好了，易牙可以当相国!"管仲答道："他为了讨好你竟然杀死自己的儿子煮成肉汤给你吃，一个对儿子都能下毒手的人，哪里谈得上爱国君？不可以。”齐桓公又问：“开方为了投奔齐国，从他的祖国卫国来到齐国，连父亲死了都没有回去奔丧，对齐国真是忠心耿耿，他可以当相国!”管仲答道：“他为了讨你喜欢，连父亲死了也不回去奔丧，这不合情理，不可以。”齐桓公最后问道：“竖刁为了寡人把自己都阉割了，这样忠心不二的人总可以当相国了吧?”管仲摇摇头，回答说：“也不行，他为了投靠你割掉自己的生殖器来当宦官，一旦有了需要你又怎么保证他不对国君动刀子呢?这样的人更不应该当相国。”

后来管仲死后，齐桓公不听管仲临终前的劝诫，亲近和重用这三个人。结果他们各自粉墨登场，拉帮结派把朝政搞得一团糟，齐桓公的几个公子之间相互争权夺利，结果在齐桓公死后，几个公子各自靠着易牙、开方、竖刁相互攻击，根本不管齐桓公的丧事。死尸在床上停了六十七天都无人收殓，滋生的蛆虫一直爬到了宫门之外。

一代霸主齐桓公，就是由于没有看清小人的可怕之处，结果死后都不得安生。既然小人如此可怕，我们就必须善于识别他们，及早采取预防措施。

的确有些被奉承得昏了头的管理者，谁对他毕恭毕敬、阿谀奉承，他就对谁恩宠有加。明智的管理者则不会这样做，他不会中这个圈套，反而会对爱好拍马屁、奉承的下属感到十分鄙视和厌恶。

因此说作为管理者，应当保持清醒的头脑，认清哪些是实事求是的评价，哪些又是阿谀奉承之辞；在阿谀奉承之中，哪些是出于真心而稍稍过分地赞美几句，哪些又是企图通过奉承而达到某种企图。诸如此类，管理者绝对不可糊涂。

其实，小人的主要特点有两个。

第一个重要标志就是爱说别人坏话。他们为了达到某种目的，常常不择手段地利用谗言这一利器去获取自己的利益。

战国时期楚国的左尹恶，在秦、楚两国关系恶化后，逃到了秦国，大说楚国的坏话。秦王听了很高兴，准备任命左尹恶为大夫。陈轸对秦王说：“我家乡有个已婚的妇女再嫁了丈夫，整天在丈夫面前说前夫的坏话，还一派得意洋洋的样子。后来后夫也不喜欢她，她再次嫁给了一个住在城南边的外地人，又像以前一样说第二个丈夫的坏话。这个外地人便把这件事告诉了她的第二个丈夫，第二个丈夫笑着说：‘她和你讲的这些话，正是她在我面前讲她第一个丈夫的那些坏话。’现在左尹恶从楚国逃到秦国，极力说楚国的坏话，如果他得罪了你而逃到别的国家，他就会用败坏楚国的那些话来败坏大王您呀!”秦王听了陈轸的这番话后，决定不用左尹恶了。其实，就像狗改不了吃屎一样，小人也改不了进谗言的毛病。

第二个特点就是小人总作君子状。君子本是品格高尚，道德、学问极高之人，且足以为民众之表率。但是有的人却与之不同，他表面伪装得一副道貌岸然、清高的模样，暗地里却做着违背常伦、伤天害理、阴险狡诈的事情，这样的小人，一定要远离。

东汉末年，刘备和许汜闲谈，谈到徐州的陈登时，许汜说：“陈登文化教养太低，不可结交。”

“你有根据吗?”刘备感到惊异。

“当然有，”许汜说，“头几年，我去拜访他，谁想他一点诚意也没有，不但不理人，而且天天让我睡在房角的小床上。”

刘备笑着说：“他这样做是对的。你在外边的名气大，人们对你的要求也就高了。当今之世，兵荒马乱，百姓受尽了苦。你不关心这些，只打听谁家卖肥田，谁家卖好屋，尽想捞便宜。陈登最看不起这样的人，他怎么会同你讲心里话？让你睡小床，还算优待哩。若是我，就让你睡在湿地上，连床板也不给的。”

小人，更不会心软，一类是为了日后的野心，深深藏起自己的狐狸尾巴，极尽奉承之能事，以讨主子欢心的人；一类是为了投靠新主子，可以毫不手软地提着旧主子的脑袋去向新主子讨赏的人。

有一种难以识破的奉承是应付性的讨好话语。当管理者在征求下属的意见时，有的下属会说些无关痛痒的话来应付。遇到这样的下属，管理者提出问题征求意见，结果是得不到任何解决问题的方法，只能落个空欢喜。

一家公司的老板在召集主管们开会时说：“公司以往的事情，每次都是我说了之后，你们才做。我希望你们不要再如此被动，要主动自发地工作……”

马上有三个主管发表了意见。

甲主管说：“您说得对极了，真的点到了问题的实质，大家听了都很受启发，决心要好好地加以体会和运用……”

乙主管说：“听了您的话，真是觉得不好意思，以往我总认为自己已经很主动地在工作，现在反省起来，发现还是远远不够的。您的话，将使我变得更加积极，谢谢您的提醒，以后请多指示……”

丙主管说：“我觉得您说得很好，事实正是如此……”

一眼就可看出，甲是典型的阿谀献媚者，而丙就是“应付性”的献媚者，至于乙，则话语含蓄、委婉而真诚。这时，若老板缺乏自知之明，怕是要舒服得飘了起来。

面对这些奉承者，应对的方法其实很简单，只要老板提出这样一个要求：“请拿出你们各个部门的切实可行的方案!”

俗话说：“一样米养百样人。”不管你愿意不愿意，作为领导者，身边都不乏贤者，也可能存在小人。贤者能助你成功，而小人呢？就像一个定时“炸弹”一样，早晚会给你闹出事的。因此，作为领导者，一定要擦亮自己的双眼，识别出那些小人。因此说，一定要任用贤者，远离小人。

领导者要善于授权

【原典】

墨子曰："贪于政者，不能分人以事；厚于货者，不能分人以禄。"

【古句新解】

墨子说："对权力贪婪的人，不愿意把政事分给别人去做；看重财物的人，不愿意把俸禄分给别人享用。"

自我品评

墨子主张，执政当权者应该适当放权，充分地整合各种人才资源为其所用，而不可完全独断、享有权力，否则的话，他就会陷入事必躬亲的烦琐的具体事务之中，虽然很辛苦，但一个人的能力毕竟是有限的，所以太过专断是很难把事情处理好的。同样的道理，执政当权者对于财物也不可太过贪婪吝啬，只想着独自占有享用，而应该让贤能之士与你共同分享俸禄，只有如此才会有更多的贤能良才归附于你，并为你所用。

显然，墨子的这一警言名句，寓含着深刻的道理，对于那些喜欢独断专行并贪婪吝啬的统治者来讲具有重要的警示作用，值得他们深长思之。尤其是"分人以事"的政治观念，对于我们树立正确的"权力观"也具有一定的借鉴意义。在今天看来，权力具有一种公共的性质，所以执政当权者更应该“分人以事”，而不应独断专行，而且，应根据职务和贡献的大小来合理分配官员的收入。

史载，唐太宗发现左右仆射房玄龄、杜如晦废寝忘食辛勤操劳，整天埋头阅读处理公文，就严厉地批评他们说：“你们身为仆射，应该高瞻远瞩，协助我操劳国家大事，尤其是要帮我选拔贤能之士，怎么能陷在事务堆里呢?”他还给尚书省下了一道诏书：凡是琐碎事务一律交给左右丞处理，只有疑难重大的事务才能上报给左右仆射处理，这样就把房玄龄和杜如晦从繁忙的事务堆里解放出来，腾出时间让他们考虑国家大事。

一国之君所需要做的，就是选拔一个宰相、颁布一部法律、明确一个治国原则，而后坐观其成就行了。由此带给我们的启示是，作为领导干部，尤其是高级领导干部，最重要的是选好人、用好人，而不是做好具体的事务：“德泽兼覆而不偏，群臣劝务而不怠，近者安其性，远者怀其德。所以然者，何也？得用人之道，而不任己之才者也。”（《淮南子·主术训》）

贞观年间，唐太宗李世民问大臣房玄龄和萧瑀说：“你们认为隋文帝是一个什么样的皇帝呢?”

两人想了一会儿，回答说：“隋文帝能够很好地约束自己，使自己的行为符合礼的要求。他勤于为政，每次上朝，都要拖到太阳西下的时候才退朝休息。朝中五品以上的大臣，他都要和他们一起讨论政事；担任宿卫的人，他都要和他们一起吃饭。文帝虽然不能说是仁爱英明，也算得上是励精图治的君主了。”

李世民听完，微微笑了笑，说：“公等只知其一，不知其二。隋文帝这个人极其明察，可是心术不正。心术不正就会考虑不周，本性明察又容易多疑。他自己是通过欺凌前朝的孤儿寡母才得到天下的。便认为所有的臣子都不可信任，什么事都要自己决定。这样一来，虽然他费尽了心思，累垮了身体，却仍然做不到事事合理。朝臣既然已经知道了主上的为人，也就不敢再说真话了。从宰相以下，大臣们只是接受命令罢了。朕却不这样想，天下如此之大，怎么能靠一个人的思虑来治理呢？朕正在广选天下的贤才，让他们来做天下的事情。朕信任他们，同时督责他们，让他们成功。如果他们能够各尽其才，天下便可以治理好了。”

李世民的意思是说，皇帝一个人再英明，他也没有三头六臂，治理天下要靠尽职尽责的百官。

现实生活中，有些领导能力很强，经常觉得：“我可以自己做，我也能做得比任何人都好。”这样的态度其实有很多问题，因为你没有三头六臂。你要做的事太多了，那样你的工作就难免会出问题。把那些常规性的工作派给别人去做，你就可以腾出手来做一些更具有创造性、更重要的工作。

确实有的公司主管自身做事勤快，个性亲切。但身为领导，如果上司、下属或同事都太依赖他的话，结果别人永远无法独当一面。公司主管即使每天孤军奋战，也仍是分身乏术。

正如三国时期的诸葛亮，为了报答皇叔刘备的知遇之恩。整日勤勤恳恳，殚精竭虑，一心为刘备创立一片江山。但正因为其过分地勤勉，蜀军上上下下，事无巨细，都由他亲自过问、领导、布置，小到军队的钱粮支出，他都要一一审查。蜀国的大小将领，也都机器般地听从他的调遣，可以说一切都在诸葛孔明的掌握之中。最后的结果呢，诸葛亮自己累死在战场上，而蜀国也由此走上了衰败之路。

所以，主管必须学会用人。你只需决定一个大概，其他的细节则可以分给各个下属处理。这是一个让下属发挥其能力的机会，而且他们对工作细节的了解也要比主管多。但有时候，已经决定的事情开始有进展时，主管又提出了面谈，结果一切都要等主管裁决之后才能工作，口头上放松了，而实际上决定权却仍在他手中。有的主管事事过问，但你若同他争辩，他会解释自己是如何地疲倦，他取下眼镜，按摩鼻梁来表示他的疲劳，然后告诉你，这么多堆积在他身上的工作不知道多久才能完成。他可能会觉得他在超负荷地运转，但事实上这是失败的，从没有这样的一个“巨人”能够长期地承担所有事情的责任。公司主管，尤其是一个理智的主管，必须清楚，有许多人也许能做你的工作，甚至会做得更好。

作为领导干部，还要善于调动众人的积极性、发挥众人的才智和力量：“以天下之目视，以天下之耳听，以天下之智虑，以天下之力争”，由此才能做到“耳目不劳，精神不竭，物至而观其象，事来而应其化，近者不乱，远者治也。”（《淮南子·主术训》）化繁为简，化难为易，举重若轻，这种洒脱是一门领导艺术，也是一种境界。春秋末卫国大夫蘧伯玉因贤德闻名诸侯，孔子的学生子贡曾以“何以治国”请教于他，他淡然答道：“以弗治治之。”（见《淮南子·主术训》）

事必躬亲、最忙最累的领导不是好领导。圣明的君主只抓关键、要领，国家却治理得秩序井然；愚庸的君主事无巨细都要亲自过问，结果不但劳而无功，甚至政务荒废、越忙越乱。有明确的目标、统一的思想、有好的制度，就尽可以放权、放手、放心地让手下的人施展其抱负、展示其才华。因此，善于授权的领导者才是一个好的领导者。

善于识人才能用人

【原典】

墨子曰："钓者之恭，非为鱼赐也；饵鼠以虫，非爱之也。"

【古句新解】

墨子说："钓鱼的人躬身，并不是为了向鱼表示恭敬；捕鼠人用虫子引诱老鼠，并不是因为喜爱老鼠。"

自我品评

据《墨子》文中记载，鲁国的国君有两个儿子，他们各有所长，一个勤奋好学，一个乐于把自己的钱财分给别人。究竟立谁做太子更合适呢?鲁君很为难，不知如何是好，因此请教墨子，乃至引出了墨子上述的一番话语。显然，这是一个形象的比喻，钓鱼用饵、捕鼠用虫，均不是因为对鱼和鼠充满恭敬和喜爱，而最终的目的是为了捕获它们。墨子这个比喻的深刻寓意是：每一种行为表面的背后，都隐藏着其本质，我们在具体考察人和事的时候，一定要透过现象看本质，要把动机和效果结合起来考察，不要为表面现象所迷惑，这也就是墨子一贯主张的"合其志功而观焉"的思想。

上述名言可以说为我们提供了极好的方法论，它告诫我们在日常生活、学习和工作中，对一切事物和人都应该坚持"去粗取精"、"去伪存真"、"由此及彼"、"由表及里"的认识原则，既要注重实质性的东西，且不可被繁杂的假象所迷惑。如当有少数腐败分子，以权谋私、不惜劳民伤财大搞政绩工程骗取上级领导的好感：还有一些人会议上一套、会下又一套，领导面前一套、民众面前又一套，花哨太多，为民谋利的实质内容太少。总之，墨子的上述名言启发我们对人、对事应进行多方位的综合考察：既要注重言语，更要注重行动；既要观察现象，更要认识本质。

战国时，齐相靖郭君善于识士用人，当时他门下有一门客叫齐貌辨，此人毛病很多，其他门客都不喜欢他，唯独靖郭君例外，门客士尉为此谏靖郭君，但靖郭君不听，于是士尉告辞离开了靖郭君的门下，孟尝君私下也为这事劝说过靖郭君，靖郭君大怒说：“即使把你们都杀死，把我的家拆得四分五裂，只要能让齐貌辨先生满足，我也在所不辞!”他让齐貌辨住在上等客舍，并让他的长子去侍奉。

过了几年，齐威王死了，齐宣王即位，靖郭君的处世交往很不为宣王赞许，他被迫辞官，回到封地薛处居住，仍跟齐貌辨在一起，在薛地住了没多久，齐貌辨向靖郭君辞行，请求让他去拜见宣王，靖郭君说：“大王不喜欢我到极点了，您去必定遭到杀害。”齐貌辨说：“我本来就不是去求活命的，我一定要去!”靖郭君劝不住他，只好同意他去见齐宣王，齐貌辨就到了齐国都城。齐宣王听说齐貌辨来了，非常生气地等着他。齐貌辨拜见宣王，齐宣王说：“你就是靖郭君言听计从，非常喜爱的那个人吧?”

齐貌辨回答说：“喜爱是有，至于言听计从根本谈不上。有两件事说给您听听，大王您就知道了。第一件事是，当初大王做太子的时候，我曾对靖郭君说：‘太子耳后见腮，下斜偷视，相貌不仁，像这样的人悖理行事，不如废掉太子，改立卫姬的幼子校师。’靖郭君流着泪说：‘不行，我不忍心这样做。’如果靖郭君听从我的话并这样做了，一定不会有今天的祸患；第二件事是，靖郭君回到封地之后，楚相昭阳请求用大于薛地几倍的地方交换薛城。我劝他说：‘应该答应他。’靖郭君不同意。说：‘我从先王那里继承了薛地，现在虽被后王所厌恶，但我忠于先王的心仍旧没有变，我如果将薛地换给别人，怎么对得起先王呢？'这两件事就足以证明靖郭君对您的忠心。"

齐宣王听后长叹，神情激动地说："靖郭君对我竟爱到如此地步，我年龄幼小，这些事都不知道，您愿意替我把靖郭君请回来吗？"

齐貌辨回答说："好！"于是，靖郭君来到国都，穿着齐威王所赐的衣服，戴着齐威王所赐的帽子，佩着齐威王所赐的宝剑，齐宣王亲自来到郊外，流着眼泪迎接靖郭君，并请他出任齐国宰相。

自己能够了解别人，即使有人非议那个人，也不怀疑自己的判断力，这也就是齐貌辨为什么置生死于度外，拼命为靖郭君排危解难的原因，靖郭君也正是因为自己独到的眼光而免去了一场大祸。

识人不是几分钟的事情，特别是对于那些暂时没有显露出才干的朋友，你切不要急，要给他时间和机会。须知，小聪明随时都可以表现出来，但大智慧却要在特殊的时期显露。

其实，早在三国时期，被认为是智慧化身的诸葛亮就十分强调领导者要善于知人。他认为人"美恶悬殊，情貌不一。有温良而伪诈者，有外恭而内欺者，有外勇而内怯者，有尽力而不忠者……"的确，人的真善美与假恶丑，并不都表现在情绪和脸上，所以也不能通过观其脸色或是从一般的表现上看出来。有的人表面看来温良，而实际却十分狡诈；有的人外表谦恭，而内心虚假；有的人让人感觉勇不可当，实则非常胆小怯懦；有的人处在有利的环境时能够尽力，而一旦处于逆境或者环境变化时就不能忠于事业和信仰了。

因此，用人应该知其性格如何，知识面宽窄，应变力如何，勇敢与否，意志是否坚强，是否廉德，信用如何，等等。领导者要亲自考察自己直属的下级，切不可凭个人的感情和印象用人。

对于领导者用人，诸葛亮的"知人"方法有很大启发性，其方法为：

"问之以是非，而观其志"——领导者在与下级讨论对各类事物是非对错的看法时，通过观察对方的观点、立场、信仰、志向等了解他是否意志明确坚定。

“穷之以辞辩，而观其变”——领导者就工作中某些现实问题的处理意见，与下属进行辩论，在此过程中提出质疑，以此来考察下属的智慧和应变能力。

“咨之以计谋，而观其识”——领导者对于一些重大问题的谋略和决策方案，要不断地询问下属，以考察下属是否有能力和见识。

“告之以祸难，而观其勇”——领导者可以跟下属说明其可能面临的灾祸和困难，来识别对方能否临危不惧，勇往直前。

“醉之以酒，而观其性”——领导者在与下属一起欢聚时，可以劝其饮酒，来观察下属是否贪杯，酒后能否自制以及表露出怎样的性格，是否表里如一，等等。

“临之以利，而观其廉”——领导者可以将下属安排在有利可图或是可以得到非分利益的工作岗位上，观察他是廉洁奉公、以人民利益为重，还是贪图私利、见利忘义，或者只顾小集团的利益。

“期之以事，而观其信”——领导者也可以委托下属去独立完成某种工作，看他是恪尽职守、努力克服困难，最终想办法把事情办好；还是欺上瞒下、应付了事。以此来考察下属是否忠于职守、恪守信用。

如今，很多企业都已建立了一整套特定的、有效的对领导干部进行日常考核、定期测评和员工监督评议的制度和方法。但是，前人的宝贵经验仍是领导者应该吸取的营养。这些方便考察而又能见微知著的做法，更值得现代领导者借鉴。

我国宋代诗人陆九渊有句名言——“事之至难，莫如知人”。人是最复杂的动物，因此，生活中往往很难从人的外貌看出他真正的内在意图，尤其是那一些表里不一而又善于伪装的人，就更难以辨别了。虽然人才很难辨识，但如果能察言观色，见微知著，由表及里地观察、审视一个人，就能透过现象看到本质，这样才能避免被假象所迷惑，才能作出正确的选择。只有善于识人才能把人才用好。

第三章 凡使民尚同者，爱民不疾，民无可使

——墨子原来这样说尚同控制

墨子希望结束动荡、混乱的社会局面，又过度强调了个人自身的社会责任，把个人完全视为政治系统中没有任何行动和思想自由的个体。所以墨子提出：“凡使民尚同者，爱民不疾，民无可使。”意思是说，凡是要使百姓与上位者保持统一的，如果爱民不深，百姓就不能被役使。欲治理好国家，首先必须充分地爱人民，关注人民的福祉和利益。

上下齐心，其利断金

【原典】

墨子曰："闻善而不善，皆以告其上。上之所是，必皆是之，所非，必皆非之。上有过则规谏之，下有善则傍荐之。"

【古句新解】

墨子说："凡是听到好事和坏事，都要报告给上级。上级认为是对的，大家必须也都认为是对的；上级认为是错的，大家也必须认为是错的。上级有了过错就加以规劝，下属有了善行就加以查访推荐。"

自我品评

一个卓越的领导者，有着非凡的独特魔力，能够在很短的时间内扭转乾坤，从一无所有到所向披靡，其中的奥秘就是他们拥有一支打不垮的团队。他们能用特立超群的策略，将一群柔弱的"羔羊"训练成一支如雄狮猛虎般的团队，将一个个"庸才"变成"非其不随"、荣辱与共的得力干将。这就要靠一个领导者尚同控制的能力。

墨子曰："闻善而不善，皆以告其上。上之所是，必皆是之，所非，必皆非之。上有过则规谏之，下有善则傍荐之。"墨子在这里要求所有的人都要以上级的是非为自己的是非。自己有了好的思想要"毛遂自荐"，及时报告上级，这样好的思想就变为上级所有。同时，上级有了过错，下级就要加以规谏，以使其改正，这样上级就会完美无缺，就会永远比下级正确、智慧和高明。每一级正长（指君主或各级行政长官）本来就是他那个范围内最为贤能的人，所以人人都要与上级的意见保持一致，而不要与下级结党营私，对抗上级。墨子强调自下而上的同一，下级要主动学习上级的善言善行，时时处处以上级为标准。墨子认为里长的任务就是统一其里的不同意见，并率领他的民众上同于乡长，学习乡长的言行举止，使一里的人都成为像乡长一样贤能的人，进而实现乡治。依此类推，由乡长到国君再到天子，最后上同于"天"，以实现天下大治。

客观上讲，墨子的这种"上之所是，必皆是之，所非，必皆非之"的思想主张，过于强调是非异义的同一，过于强调下对上的绝对服从，在一定程度上抹杀了下层的积极性和相对的自主性，进而形成了一种高度专制性的社会整合方式。这种整合方式虽然对于结束当时纷争混乱的社会状况具有一定的积极意义，但在历史上却造成了长期的专制政治传统，其弊害极大。这种思想留给我们的历史教训，是非常值得我们认真反思的，它极易导致对人的个性和思想多元的积极价值和意义的抹杀，导致思想观念的教条、单一和僵化，导致社会生机和政治活力及行政工作灵活性的丧失。

从今天的角度讲，我们应汲取墨子思想留给我们的教训。地方只有拥护中央的权威，才能维持"全国一盘棋"及其安定团结的大好局势，但不应该采取墨子的"上之所是，必皆是之，所非，必皆非之"的僵化机制，而是要坚持"中央统一领导下，充分发挥地方积极性"的原则，实现中央和地方的良性互动，既要坚决拥护中央权威，又要关注地方的利益和相对自主性。同时，关于民主与集中的关系问题，也同样应该采取辩证的观点，即要在充分发扬民主的基础上进行集中，以集中来更好地实现民主所追求的政治目标，特别是在讲集中时，必须坚决反对专制的家长作风。只有在破除了惟上是从的工作作风之后，既要下级维护上级的权威，又能充分调动下级的积极主动性，才能真正开创充满生机与活力的政治事业和行政工作的新局面。

在严寒的冬天里，一群人点燃一堆火。大火熊熊，烤得人浑身暖烘烘的。有个人想：天这么冷，我绝不能离开火堆，不然我就会被冻死。其他人也都这么想，于是这堆无人添柴的火不久便熄灭了，这群人全被冻死了。

又有一群人点起了一堆火。一个人想：如果大家都只烤火不添柴，这火迟早会灭的。其他人也都这么想，于是大家都去拾柴，却无人添柴烤火，这火不久也熄灭了。原因是大家只顾拾柴，没有人添柴、烤火，均陆续冻死在捡柴的路上，火最终因缺柴而灭。

还有一群人点起了一堆火。这群人没有全部围着火堆取暖，也没有全部去拾柴，而是制定了轮流取暖拾柴的制度，一半人取暖添柴，一半人拾柴，于是人人都参与拾柴，人人都得到温暖，火堆因得到足够的柴源不住地燃烧，火堆和生命都得以延续。

“众人拾柴火焰高”，这是千年古训。人心不齐，每个人都自私自利，干什么事情都干不好。但个人奉献也好，众人拾柴也好，“火焰高”的真正目的是什么?还不是企业、员工乃至社会都能获得更大的利益! 这三方面忽略了任何一方的价值、地位和利益，系统和谐都会被破坏，从长远来说，结果只有一个：三败俱伤。

一个领导者再完美，也就是一滴水；而一个优秀的团队就是大海。一个有高度竞争力的企业，不但要求有完美的员工，更要有完美的团队。

一个世界著名公司的CEO曾这样说过：“我的成功，10%是靠我个人旺盛无比的进取心，而90%全仗着我拥有的那支强有力的团队。”的确，单打独斗的个人英雄主义时代已经结束。合作就是力量，讲究团队默契的工作精神已显示出强而有力的成效。如何打造一支无坚不摧的团队，已是当代领导者出色与否的标志之一。

埃力生集团总裁吴国迪在“七个坚持”中指出：“坚持相互信任，相互沟通，营造融洽、进取的团队合作氛围，打造一支富有凝聚力和战斗力的团队。”语言虽简简单单，朴实无华，但细加琢磨，却发现其中意蕴无穷，有着丰富的企业文化内涵和远见卓识的企业经营理念。在当今激烈的市场竞争中，企业要持续发展、要长久屹立于事业之巅，员工在提高自身能力的基础上，只有团结协作、荣辱与共、众志成城，心往一处想，劲往一处使，才能增强企业的凝聚力和战斗力，才能使企业走上可持续发展的道路。

上下齐心的最终目标应具体体现在团队成员的集体主义精神和强烈的事业心和责任感上。只有爱集体的人，才能站在集体的立场上谋大局、讲奉献、立身为公，才能团结共进、众志成城。故此，领导者必须打造一支富有凝聚力和战斗力的团队，仅凭自己单打独斗，则难以取得事业的成功。

集思广益，事半功倍

【原典】

墨子曰：“助之视听者众，则其所闻见者远矣；助之言谈者众，则其德音之所抚循者博矣；助之思虑者众，则其谋度速得矣；助之动作者众，则其举事速成矣。”

【古句新解】

墨子说：“帮助他视听的人多了，那么他的所见所闻就远大了；帮助他言谈的人多了，那么他的恩诏善言所安抚的区域也就广阔了；帮助他思考的人多了，那么他的谋划与忖度也就能很快地实行了：帮助他行动的人多了，那么他的行事也就能很快成功了。”

自我品评

墨子这句耐人寻味的名言主要是针对上级长官而言的，墨子要求他们能够审慎听取、统一民众的意见，做到上下之情沟通，上面如果有被隐蔽而遗漏掉的利益，下面的人能够及时提醒上级，使他们得到好处；下面若有蓄积的怨恨和害处，上面的长官也可以及时地消除它。这样上情下达，更有利于国家的治理。同时，墨子还特意强调，当权者为政治国一定要学会用众和借势的统治技巧，要善于化众人的视听、言谈、思虑和动作为己所用，一定要倾听下属的意见和建议。也就是说，一个人要想成就一番事业，单凭自己的力量是远远不够的，刚愎自用的结果往往是独自一人品尝失败的苦果；而只有众志成城、团结一致、齐心协力，才可能取得事业的成功。

《墨子·亲士》即充分强调了人才的重要性。墨子认为，大地不以昭昭为明（而美丑皆收），大水不以潦潦为大（而川泽皆纳），大火不以燎燎为盛（而草木皆容），王德不以尧尧为高（而贵贱皆亲），这样才能做千万人的首领。集千万人之长而为我所用，何愁做不成大事呢？

战国时期齐国的孟尝君，是当时的四大公子之一，他养了三千多食客，个个都有特殊的才能。一旦孟尝君遭遇困难，食客们便全力以赴，帮他解决。

秦昭襄王一向很仰慕孟尝君的才能，想拜他为宰相，但这引起了秦国大臣的嫉妒，孟尝君也因他们的谗言而被秦王软禁。

孟尝君遭到软禁后，就派人去求秦王的宠妾燕妃帮忙。但是燕妃却说：“如果孟尝君送我一件和秦王一样的白狐裘，我就替他想办法。”孟尝君听了燕妃的话，不禁暗暗叫苦：“白狐裘就这么一件，现在要到哪里再去找一件呢？”就在这时候，有一位食客自告奋勇地对孟尝君说他有办法。

这天晚上，这位食客就偷偷进入皇宫，学着狗叫把卫士引开，顺利地偷回当初献给秦王的那件白狐裘。孟尝君利用白狐裘收买了燕妃，燕妃果然替孟尝君说了不少好话，没过多久，秦王就释放了孟尝君。

孟尝君害怕秦王临时反悔，因此一被释放就立刻启程回齐国，并趁夜来到了秦国的边界——函谷关。只要通过了这道关口，秦王就奈何不了他了。可现在是深夜，城门紧闭，根本无法出关。孟尝君很着急：城门必须等到鸡鸣才会开放，但是如果等到天亮，秦王发现他们逃走后可能会派人追赶他们。这该如何是好呢？

就在这时，忽然有位食客拉开嗓子，学着鸡鸣“喔——喔喔”，一时之间，全城的鸡都跟着一起鸣叫。守城门的兵将一听到这么多公鸡在叫，以为天亮了，于是就按照规定把城门打开了。孟尝君一行人就这样平安通过了函谷关，离开秦国回到齐国。

不论一个人的才能是大还是小，只要他的能力和长处对自己有帮助，他就可以为我所用。正确用人对企业管理者来说尤为重要，企业要人来维系，财富要人来创造，人是一切事业成功的前提和根本。在竞争日趋激烈的今天，如何充分地用人已成为管理者成败和企业发展兴衰的关键。

再高明的管理者，也不能单靠自己的智慧，就能制定出一整套干大事业的行动方针，他必须集中众人的智慧，集思广益方可成事。集思广益是前人在长期实践中总结出来的制胜法宝，其中蕴涵着深刻的道理和原则，是作出正确决策的必备法宝。

在这个问题上，杰克·韦尔奇曾说："CEO 的任务，应该对他手下人的成长负起责任。企业的副总应当对他的领域负起责任，而不是等 CEO 向他发号施令，如果所有的想法都来自 CEO，CEO 告诉每一个人如何做每一件事的话，这样的企业就很难长远成功。企业的成功需要集思广益，所有的人都要有激情。"他还说，"我在通用的时候，我们的销售达到 1300 多亿美元，我们制作发动机，制作电影，生产医疗设备，制造塑料产品，等等。大家想一想，在这么多的领域，如果让我来告诉大家怎么做发动机，怎么做塑料产品，怎么制作电影，如果这样做的话，做出来的肯定是特别烂的电影。所以，一定要调动所有人的积极性，用集思广益来促进新思想的出现和创造力的出现。"

通用电气公司的前身是美国爱迪生电气公司，创立于 1878 年。经过一百多年的努力，通用电气公司现已发展成世界上最大的电气设备制造企业。生产的产品种类繁多，除了一般的电器产品，如家电、X 光机等，还生产电站设备、核反应堆、宇航设备和导弹。但到了 1980 年，这个巨型企业却到了山穷水尽，难以维持的境地。

就在这个危急关口，年仅 44 岁，出生于一个火车司机家庭的韦尔奇走马上任，担任了这个庞然大物般的企业的董事长和总裁。

他上任后进行了一系列改革，其中最重要的一条就是宣布通用电气公司是一家"没有界限的企业"，他指出，"毫无保留地发表意见"

是通用电气公司文化的重要内容。

“集思广益”的大部分理论基础包含着诸如工人的参与、信任感和下放权力等平凡、甚至有些陈旧的观念。它拆除了“蓝领”和“白领”的界限，不同岗位、不同阶层的职员集中到一起，针对某些问题研究提出建议和要求，当场确定实施意见。这种管理方式，减少了大量中间环节，迅速提高了行政效率。

“集思广益”讨论会不仅带来了明显的经济效益，而且让员工广泛参与管理，感受运用权力的滋味，从而大大提高了员工的工作热情。

1987 年，通用电气公司制造一台燃烧室喷气发动机上的关键部件需要 30 周，通过开展“集思广益”活动，1991 年初，这一产品的生产周期缩短到 8 周，如今只需 4 周。负责制造加工燃烧室的员工们还在商讨 10 天内完成任务的可能性。

“集思广益”讨论会已成为通用电气公司的一种日常性的活动，随时都可以根据需要举行，参与人员也从员工扩大到顾客、用户和供应商。

在这种工作经历中，人们看到企业的言行一致，他们的信任感在这个过程中不断地增长，智慧的火花不断地迸发。过去只被要求贡献时间和双手的人们现在感到他们的头脑和观点也开始备受重视了。在听取他们意见的过程中，每个人都更加清楚地认识到，越是接近于具体工作的人就越是看得透彻。

俗话说，“一个好汉三个帮”、“三个臭皮匠顶个诸葛亮”，其中的道理与墨子这句话的意思是一致的，只是墨子主要是针对执政当权者而言的。但是墨子给了我们后人很大的启示：无论是执政当权也好，企业管理也好，想成就一番伟业，单凭个人的力量是远远不够的。古今中外，凡成大事者，无不是以自己为中心建立了一个集众人所长与智慧的优秀团队。因此说，只有集思广益，才能事半功倍。

疾爱使之，致信持之

【原典】

墨子曰："必疾爱而使之，致信而持之。"

【古句新解】

墨子说："必须切实爱护百姓，才能役使他们；必须以诚信之心对待百姓，才能拥有他们。"

自我品评

墨子这句话就是说作为当政者一定要切实爱护百姓、诚心对待百姓。从另一方面来说，就是作为领导者，一定要学会感情投资。如果你是一个公司或企业的领导，若哪天有人问你："在这个世界上有什么是投资最少，而回报率却是最高的?"你将对这个问题如何作答？其实答案很简单，就是感情投资，它不仅是花费最少的，回报率也是最高的。如果你是一个善于感情投资的领导者，你肯定会深有体会的。

员工若是在一个良好的感情氛围中工作、生活，就会产生极大的热情和积极性，因此，管理者要努力为员工创造这种环境，对员工进行感情投资，这在竞争日益激烈，人与人之间的感情日益淡化的今天，往往会收到春风化雨般的奇妙效果。

滴水之恩，当涌泉相报，中国人自古就讲究礼尚往来，投桃报李。管理者的感情投资往往也能收到奇效，而且所获得的收益并不比物质投资少，有时反而会更多。

某家大公司的总经理，某次因为一桩大生意亏损了巨款，使公司蒙受了重大损失。他非常自责，于是便向董事会递交了辞呈，但董事会并没有批准他的辞呈。相反，董事长紧紧握住了总经理的手，深情地说："我们已为你的学习交了这么多学费，不希望你就这样走了，学了也不要白学啊。"这位总经理顿时被感动了，当即表示为了挽回自己的过失即使粉身碎骨也在所不惜。果然，在以后的工作中，这位总经理发奋图强，拼命苦干，为公司赚取了一笔又一笔的巨额利润。

可见，做好了感情投资，会得到意想不到的收获。

1.可以有效地激发下属的开拓意识和创新精神，使他们鼓足勇气，不会"前怕狼、后怕虎"，工作起来没有后顾之忧。人的创新精神的发挥是有条件的，当人们心中存有疑虑时，便不敢创新，而是抱着"宁可不做，也不可做错"的心理，只求把分内的工作做好就行了。如果领导能够对下属进行感情投资，建立起充分的信任感、亲密感，就会有效地消除下属心中的各种疑虑和担心，从而使他们更愿意把自己各方面的潜能都发挥出来。

2.可以有效地激发下属们的潜在能力，使下属产生强大的使命感与奉献精神。得到了领导感情投资后的下属，在内心深处会对领导心存感激，认为领导对自己有知遇之恩，因而"知恩图报"，愿意更加尽心尽力地工作。

3.会使下属产生"归属感"，而这种"归属感"正是下属愿意充分发挥自己能力的重要源泉之一。人人都不希望被排斥在领导的视线之外，更不希望自己有朝一日会成为被辞退的对象，如果得到了来自领导的感情投资，下属的心里无疑会安稳、平静得多，更愿意付出自己的力量与智慧。

因此，优秀的领导会多对下属进行感情投资，这也是他们抓住人心的法宝之一。只有通过感情投资，才能使下属感到自己受到了领导的重视与关爱，感受到心灵的温暖。而下属也会因此更加踏实地工作，尽己所能，充分发挥自己的潜在力量。

其实，领导对下属进行感情投资，方式也是有很多种的，其中最常见的就是语言上的鼓励。语言是进行感情投资的重要方式，它不仅能够打开下属心灵紧闭的窗户，也是人与人之间进行交流和沟通的重要手段。利用语言上的鼓励方式对下属进行感情投资，这对领导来说不仅简便易行，而且还有着独特的优势。由于领导与下属的位置不同，而且下属在人数上也比领导多，如果某位下属能够得到领导语言上的鼓励，那他就会更加忠心于领导。

其实在大多数情况下，下属们对领导的要求并不高，只要能够得到领导的承认，获得领导语言上的鼓励，就已经很满足了。同时，他们也会因此而感到领导对自己是有感情的。因此，领导若是能够适时地给下属一些语言上的鼓励，就能拉近与下属间的距离，激发他们的干劲儿和热情。

领导要注意从细微处着手，多关心、爱护、体贴、理解下属，这也是加强领导与下属之间感情联络的有效途径。比方说，下属的至亲病故、家庭产生纠纷、经济陷于困境、爱情出现问题等，都会使其心情出现波动。假如下属满怀心事，未必是因为工作不如意或身体不适，有可能是受外在因素影响。因此作为领导者，应予以体谅，并就下属某方面的良好表现加以赞赏，使他觉得自己的遭遇并非那么糟。

对于情感的需求，是必不可少的。领导不能强行要求下属绝不将任何的私人感情带进办公室，更不要期望每一个下属都是硬汉或铁娘子，因为他们都需要关怀。也许在工作中一次小小的赞扬，生活中一次不经意间的帮忙，都可能使下属对你产生感激之情，这就使你在无形之中抓住了下属们的心。

俗话说：善战者以攻心为上。人都是感情动物，都是将心比心的。领导者充满人性化管理员工，员工若是在一个温馨轻松的氛围中工作，就会对工作产生极大的热情和积极性。因此，管理者要努力为员工创造这种环境，对员工进行感情投资，在生活上、工作上尽可能关心、帮助员工。一次不经意的帮忙、一次小小的赞扬，都可能使员工产生愉悦和感激之情，从而为企业创造更大的价值，取得更大的成功。

礼遇人才，团结人才

【原典】

墨子曰："治天下之国若治一家，使天下之民若使一夫。"

【古句新解】

墨子说："治理天下和国家，就好像治理一个家庭；役使天下的民众，就好比役使一个人。"

自我品评

企业之间的竞争是人才的竞争。已被列为第一资源的"人力资源"直接影响着每一个企业的兴衰。人才是现代企业之魂，人才流失是每一个企业所面临的最大挑战。

那么，经营者如何才能有效汇聚、团结人才，并最大程度地发挥他们的作用呢?墨子的言论给了我们很好的启示。

墨子认为，人才是国家的珍宝和社稷的良佐，一定要使他们富裕，令他们显贵，尊敬他们，称誉他们。墨子打了个比方：譬如想要增加一个国家善于射箭、驾车的人，就必须使他们富裕，令他们显贵，尊敬他们，称誉他们，而后国家善于射箭、驾车的人就能够增多了。

西周时期，周公的儿子伯禽要到鲁国去做国君。临走时，伯禽问父亲有什么嘱咐。周公说："我是文王的儿子，武王的弟弟，当今天子的叔叔，你说我的地位怎么样?"伯禽说："那自然是很高的了。"

周公说："对呀！我的地位确实很高，但是我每次洗头发的时候，一碰到急事，就马上停止洗发，把头发握在手里去办事；每次吃饭的时候，听说有人求见，我就把来不及咽下的饭菜吐出来，去接见那些求见的人。我这样做，还怕天下的人才不肯到我这儿来呢。你到了鲁国，不过是个国君，可不能骄傲啊！"

周公如此礼遇人才、团结人才，这正是他成功的秘诀。

对贤士的判断和任用，墨子还明确提出要"胜其任而处其位"，强调使贤能之士与其所担当的官职和地位相适应，而不能名不副实，即"能治国的就让他治国，能做官的就让他做官，能治理县邑的就让他治理县邑。凡是让他去治理国家、官府和邑里的人，都是国家的贤能之人。"

对于礼遇人才、团结人才，最大程度发挥人才的作用，古代圣贤给我们留下了无数佳话。对今天的企业经营者也起到很好的启示作用。

美国能拥有强盛的国力，除了它优越的自然条件外，主要是因它的科学技术在世界居领先地位，而这正有赖于拥有大批一流人才。美国除了自己培养人才外，还善于容纳、引进和罗致天下人才为己所用。其吸引人才之法有二：一是给予高薪，二是为之提供良好的研究条件。

美国是最舍得在科研上花钱的国家。据统计，它的科研经费要多于主要西方发达国家之总和，并在逐年增加。

为了引进国外人才，美国还二次修改了移民法，对于有成就的科学家，不考虑国籍、资历和年龄，一律允许优先进入美国。

瑞士有一位研究生研制成功一种电子笔和一套辅助设备，其性能可以用来修正遥感卫星拍摄的红外照片，这项重大发明引起全世界的注目。

美国一个大企业闻讯后马上派人找到那位研究生，以优厚的待遇为条件，动员他到美国去工作。瑞士一些公司也千方百计地要留住他。于是，希望得到人才的各方展开了人才争夺战，你给他加薪，我给他再加薪，弄得不可开交。

最后，精明大胆的美国人说，现在我们不加了，等你们加定了，我们乘以 5。就这样，这位研究生连人带研究成果一起被弄到了美国。

目前，在美国教育系统和科技系统，尤其是高科技领域，外国科学家和工程师占的比例相当大。

美国国家科学基金会 1985 年的调查结果表明：美国 50%以上的高技术公司大量聘用外裔科技人才，外裔科技人才占这些公司科技人员总数的 90%。

在美国著名的“硅谷”工作的科技人员有 33%以上是外国人。在美国从事高级科研工作的工程学博士后研究生中，外国人占 66%。美国 33%的名牌大学的系主任是华裔学者。在美国星球大战计划中扮演重要角色的也是外国科技人员。

据统计，自 1952 年至 1975 年，由于美国大量引进人才，为美国节省培养人才经费 150 亿~200 亿美元。更重要的是他们对美国经济发展起了重要的作用。在 20 世纪 30 年代，仅欧洲各国到美国定居的科学家作出的贡献，就相当于为美国增产 300 亿美元。

正因为美国能集中天下人才为之从事科学研究，美国的科技才能走在世界的最前列。第二次世界大战后，美国引进科技人才最多，因而取得的科技成果也最多，占世界科技成果总数的 60%~80%，获得诺贝尔奖的美国人占了总数的一半。

科技高度发展促进了经济的繁荣，美国才成为世界上最富裕的国家。

下属为什么会跳槽？或者是对自己的待遇不满意，或者是对自己的工作环境不满意。不管是哪种情况，都和管理者有着很大的关系。那么，管理者该如何留住好下属呢？

1.信任留人

当上司知道了下属需要什么，并适当满足下属，下属就会全身心地投入工作。但现实中却不是这样，太多的管理者都看不到这一点。一个人能从他人身上得到的最宝贵的东西是什么？答案是，信任。每个人都希望别人信任他。当一个人得到他人信任的时候，他必定会对信任他的人心存感激，性子急一点的，甚至会产生为信任他的人两肋插刀的冲动。

2.以舞台留人

对管理者而言，给下属一个没有天花板的舞台，让有能力的人任何时候都有施展自己才华的空间，往往可以达到双赢的效果。

3.感情留人

在人情社会，感情留人是非常有效的。充分沟通，促进与员工的关系，增强员工对团队的感情，是挽留员工的高级方式。另外，家庭是员工的支柱，是后备力量。因此，作为企业，如果能让员工的家属高兴，并以在这个单位工作为荣，那么这个员工必然会竭尽全力工作。因此，企业领导者需要经常关心员工的家庭问题，并及时帮助员工解决各种忧虑。

如果员工已经提出辞职，那么就需要真诚面对，通过离职恳谈，不仅可以将负面效应降到最小，并且还会收集到员工对企业真实的意见表达。

4.提前做好准备

对于下属跳槽，事先预防也很重要，而这种预防，并不是限制下属的自由流动，而是要做好管理者应该做的事情，营造良好环境留住下属。

5.对症下药

有的人是在丰厚薪水诱惑下跳槽，这时你就需要考虑，这个人是否值得加薪，如果值得，就可以采取奖金许诺留人。

企业录用人才，可以说仅仅完成了招聘工作吧，从人才的招聘、使用、留住来说仅完成了三分之一的工作，如何正确使用人才是另外三分之一的工作，如何留住人才是最后三分之一的工作，这最后工作是人力资源经理最难操作的。因此说，作为一个好的领导者，必须学会礼遇人才，团结人才。

有效沟通，上情下达

【原典】

墨子曰："上之为政，得下之情则治，不得下之情则乱。"

【古句新解】

墨子说："上面的人治国理政，如果了解下面的实情，就会治理得好；如果不了解下面的实情，就会发生混乱。"

自我品评

墨子在此强调的是，执政当权者要想实现有效的统治和管理，就不可只是"居于庙堂之上"而已，而应该具有心系"江湖之远"的情怀，主动了解下级和民众的实情。墨子认识到政治的有效统治，或者更确切地说政治管理应该是上下双向互动的过程，这一过程要求信息的上通下达。显然，墨子在这里深切希望统治者能够建立一个信息收集的网络系统，这样，天子就可以在极短的时间内获得境内众人的所见所闻，甚至可以做到无所不知，然后再把收集到的信息结合自己的是非标准及时实施对下的奖惩。果能做到这一点，奖善惩恶的举措就会产生立竿见影的政治效果，这无疑给民众提供了一个极好的行为导向的作用，于是社会便可以向着一个良好的状态运行。墨子在此希望建立的信息系统，其实质是要天子在作出决策前，一定要掌握大量的信息资源，不应该主观臆断，恣意妄为。当然，其目的也不过是希望作为最高当权者的天子能够既借助民众提供的信息来了解民情，又借助民众提供的信息来实现思想的统一，从而实现高度的中央集权。

墨子的上述主张，如果将其中专制集权的目的剔除的话，对我们也不乏一定的积极借鉴意义。那就是我们在进行决策之前，一定要深入基层进行广泛的调研，走“从群众中来，到群众中去”的工作路线，要确保每项决策都是建立在充分了解实际情况和民意的基础之上，进而实现决策的科学化和民主化。同时，墨子心目中理想的政治体制，上级和下级之间的信息渠道应是十分畅通的，上情下达和下情上传也都是十分便捷的，这有利于防范和阻止腐败现象的产生，对于我们今天的廉政建设和政治体制改革也具有一定的借鉴意义。

作为现代企业的管理人员，麦当劳的领导层就意识到了沟通的重要性。虽然麦当劳的“利益驱动”起了很大的刺激作用，但麦当劳内部最大的团结力完全不在于以金钱为后盾，而在于所有员工对麦当劳的忠诚度和对快餐事业的使命感。忠诚度和使命感的来源则是麦当劳几代高层领导体恤下情、与员工同甘苦的管理品质和管理素质及难以抵挡的个人魅力。频繁的走动管理，既帮助他们获得了丰富的管理资料，又帮助他们通过与数百人以私人朋友的身份交际，达到很好的沟通效果。

在麦当劳的创始人——雷蒙·克罗克退休以后，由于麦当劳的事业迅速壮大，员工人数也越来越多，企业高层忙于决策管理，一定程度上忽视了上下的沟通，致使美国麦当劳公司内部的劳资关系越来越紧张，以致爆发了抗议工资太低的劳工游行示威。示威活动对麦当劳公司的高级经理们构成了巨大的冲击，令他们重新认识到加强上下沟通，提高员工使命感和积极性的重要性。针对员工中不断增长的不满情绪，麦当劳公司经过研讨形成了一整套缓解压力的“沟通”和“鼓舞士气”的制度。麦当劳认为与服务员的沟通是极其重要的，它可以缓和管理者与被管理者之间的冲突，提高工作人员的积极性。而如果忽视了与员工的沟通，不管有什么理由，都会阻碍企业命令系统的畅通，使企业不知不觉陷入麻痹而失去许多机能。

于是麦当劳任命汉堡大学的寇格博士解决沟通的理论问题，而让擅长公共关系的凯尼尔为公司解决实际操作问题。他们很快就有了成果。

凯尼尔请约翰·库克及其助手金·古恩设计的“员工意见发表会”变成了麦当劳的“临时座谈会”制度。这种形式在解决同员工的沟通问题上起着特别重要的作用。临时座谈会的目的是为了增强与员工的感情联络。会议不拘形式，以自由讨论为主，虽以业务项目为主要讨论内容，但也鼓励员工畅所欲言甚至倾吐心中不快。计时工作人员可以利用这个机会指责他们的任何上司，把心中的不满、意见和希望表达出来。

所有服务员都抱着很高的积极性参加座谈会。实践证明，这种沟通方法比一对一的交流更加有效。

为了加强服务员个人之间的交流，除了面谈以外，麦当劳还推行一种“传字条”的方法。麦当劳餐馆备有各式各样的联络簿，例如服务员联络簿、接待员联络簿、训练员联络簿等，让员工随时在上面记载重要的事情，以便相互提醒注意。

麦当劳公司的做法成功地缓和了劳资冲突和对立。他们从中悟出了一个道理，使用警察不是解决劳资冲突的好办法，这不但会损害麦当劳的形象，而且会使矛盾愈加激化，甚至动摇麦当劳帝国大厦的根基。因此，一名优秀的领导，就应该是一个不知疲倦的宣道者。与下属之间进行大量的沟通交流工作，注重相关的每个人、每个班组，对单条信息要做到多次重复，这才是卓有成效的领导过程，才能使领导充分抓住下属的心。

松下幸之助有句名言：“企业管理过去是沟通，现在是沟通，未来还是沟通。”雄踞世界500强榜首的零售业巨头沃尔玛公司前总裁萨姆·沃尔顿也曾说道：“沟通是管理的浓缩。如果你必须将沃尔玛体制浓缩成一个思想，那可能就是沟通，因为它是我们成功的真正关键之一。在这样一家大公司实现良好沟通的必要性，是无论怎样强调也不过分的。”

沟通不仅能使上下层级关系通畅，做到信息共享，还能起到“攻心”和激励的作用，让全员思想统一，行动一致，从而共创佳绩。

从行为科学的角度来看，组织是一群人对工作职责的了解、团体精神的感受、情感的交流、需要的满足所形成的一个心理状态。沟通有赖于联络，有赖于人的思想和情感的交流和了解。对于一个组织而言，有效的意见交流，可以增进管理者与员工之间、员工相互之间、团体与团体之间的了解和信任，可以使团体间人际关系得以改善，使团体感、责任心、荣誉感、士气和服务精神随之增强，这样，组织的凝聚力也会因此而得到强化。相反的，缺乏有效的沟通，相互之间得不到理解和信任，就会使组织气氛处于压抑状态，就会使士气低落、人际关系紧张，由此影响组织工作的绩效和效能。

因此说，上级与下级之间的沟通是很有必要的，更有利于上情下达或者是下情上传，进而有利于尚同控制。

己身尚不能治，何以治天下

【原典】

墨子曰："子不能治子之身，恶能治国政？子姑亡子之身乱之矣！"

【古句新解】

墨子说："你连你自身尚且治理不好，又怎么能治理国家、主持政务呢？你姑且先提防你自身的悖乱吧！"

自我品评

俗话说：上梁不正下梁必歪。君主不公正，臣子必然不忠诚；君主若疏远贤能、任用亲信，臣子必然妒贤嫉能、争权夺利。换言之，领导者如果自己都不能管好自己，不能以身作则，怎么能让下属信服，怎么能号令下属呢？领导者只有以身作则，自己做到了，才可能要求别人这样去做。否则，即使别人迫于压力这么做了，也只能是"人心不服"。领导者的一言一行、一举一动，无不被下属看在眼里、记在心上，领导者的行为影响着下属的行为。"做事先做人，律人先律己，用人先育人"应当成为领导者的信条。领导者既是制度的制定者和推行者，也是制度的执行者和培训者。这就要求领导者在要求下属的同时，更应该严格地要求自己。

墨子的弟子告子对他说："我能够治理国家，管理政事。"墨子说：“治理国家的事务，光靠嘴上说说是不行的，更重要的是身体力行。现在你只是嘴上说说，却没有身体力行，这是你言行不一、自身悖乱的表现，你连自己都治理不好，又怎么能治理国家呢?”墨子认为，一个人自身不正，就不能匡正别人的不当行为。因此，为人做事要严于律己，做出表率，进而再去约束和管理别人。

墨子的这一主张，与儒家修身治国的主张是相通一致的，正如孔子所说：“其身正，不令而从；其身不正，虽令不从。”（《论语·子路》）可见，他们都希望贤德之人身居高位要职来治理国家，也都希望身居高位要职者能够修身正行、以身作则、率先垂范，即身为执政当权者，如果要求别人做什么事情，自己应该首先做到自己做不到的事情，也不应苛求别人一定做到。先从自己做起，只有管理好自己才有可能管理好别人，只有治理好自己也才有可能治理好国家。反之，则如孟子所说：“不仁而在高位，是播其恶于众也。”（《孟子·离娄上》）如若不信，那就看看现实生活中的例子吧，总有一些名为人民“公仆”而应造福一方的，反而成了一大“公害”而祸害一方的，虽然是少数，却正是因为忘记了孔墨的古训所致。

《晏子春秋》上记载了这样一个故事：晏婴不遗余力地辅助齐景公，总是以各种方式劝谏景公，为他出谋划策，为他匡偏救弊，所以齐国政治清明、国泰民安。但自从晏婴死了之后，再也没有人当面指责、劝谏齐景公了，景公心中为此闷闷不乐。一天，齐景公宴请文武百官，席散后一起射箭取乐。齐景公每射一支箭，都会赢得文武百官的高声喝彩。景公黯然神伤地对弦章说：“我真是想念晏婴啊! 晏婴死后就再也没有人当面指出我的过失了。刚才我明明没有射中，群臣却还异口同声地喝彩，这真让我难过!”弦章对景公说：“您也不该都归咎于臣子。古人说，‘上行而后下效’，您喜欢吃什么，群臣也就跟着吃什么；您喜欢穿什么，群臣也就跟着穿什么；您喜欢听好话，群臣也就只有阿谀奉承了!”一席话说得齐景公豁然开朗。这就是“上行下效”这个成语的来历。

由此，古人特别强调君主的道德，强调官德。孔子说：“为政以德，譬如北辰，居其所而众星共之。”（《论语·为政》）当领导的人能够做到以德服人，就会像天上的北斗星一样被群星拥戴，收到不令而行、不劳而治的功效，这就是领导者率先垂范的意义。

在我国古代，圣明的治国者无不是以身作则来保障法令的贯彻实行的。三国时期的曹操就能够从自身做起，以身作则，使自己拥有了最强大、最具有战斗力的军队，为以后的魏国立国奠定了坚实的基础。

有一次曹操带兵出征打仗，行军途中看到麦田里成熟的麦子，于是下令：“有擅入麦田，践踏庄稼者，斩!”可是命令刚下达，一群小鸟忽然从田间惊起，从曹操马前飞过，那马不由一惊，一声长嘶，径直冲进麦田，将成熟的麦子踩倒一大片。曹操非常心痛，马上拔出佩剑就要自刎，众将慌忙抱住他的手臂，大呼：“丞相，不可!”曹操仰面长叹：“我才颁布了命令，如果自己制定的法令自己不能遵守，还怎么用它约束部下呢?”说完执意又要自刎。众将以“军中不可无帅”力劝曹操不可自刎。这时，曹操便扯起自己的头发，用剑割下一绺，高高举起：“我因误入麦田，罪当斩首，只因军中不可无帅，特以发代首，如再有违者，如同此发。”于是人人自觉，小心行军，无一践踏庄稼者。

古人尚能够做到以身作则，现代社会的企业领导者更应当修炼自己，为员工树立榜样。领导者的示范激励作用，能够大大振奋员工士气，提高下属的工作效率。

2007年5月，美国国家公路交通安全管理局在全美开展了一项活动，主题为“系上它，否则开罚单”，旨在鼓励人们在开车时系安全带。美国总统布什也曾指出，开车时系安全带是明智之举。后来布什驾驶一辆卡车，被一群记者给逮了个正着，此时有位眼尖的记者发现，他在开车时没系安全带，这件事立刻引起了媒体和民众的一片哗然。许多民众都认为，无论如何，作为一国的总统也要为国人做出一些表率的。

那么，领导者应该在哪些方面起到表率作用呢？

首先，领导者的自律作用。

领导者要在团队中起到先锋模范作用，必须以高标准严格要求自己，因为领导者的工作和生活习惯，会对下属的行为产生十分重要的影响。领导者切不可因为手上有一定的权力，就放松对自己的要求，甚至为所欲为，酿成重大失误。领导者应该高度自律、不断反省，提高自己的道德和管理水平，为大家做好表率。

其次，领导者的带头作用。

“火车跑得快，全靠车头带”。优秀的领导者应该具备“火车头”和“领头雁”的精神。如果说领导是领头雁，下属就是一个雁队，他们的眼光都紧盯着领头雁，领头雁飞向哪里，雁队就飞向哪里。所以，一旦确定了正确的目标，领导者就要带领下属朝着目标奋力前进，并保证方向不会出现偏差。

振臂一呼、应者云集的领导能力，绝不是一个领导职位就能赋予的，没有追随者的领导者，剩下的只是职权威慑的空壳。也就是说，是追随者成就了领导者。领导者总是员工目光的焦点，员工往往会模仿领导者的工作习惯和修养，因此，领导者必须以身作则，养成良好的工作习惯和道德修养。

正所谓：“源清则流清，源浊则流浊。”总而言之，领导者一定要以身作则，只有做好自己，才能尚同控制。

赏罚严明，宽猛相济

【原典】

墨子曰："必疾爱而使之，致信而持之，富贵以道其前，明罚以率其后。为政若此，唯欲毋与我同，将不可得也。"

【古句新解】

墨子说："必须切实地深爱民众才能役使他们，必须对民众信任才能拥有他们，用富贵在前面引导，用严明的刑罚在后面督率。像这样治理政事，即使想要民众与自己不一致，也是不可能的。"

自我品评

既要爱民、亲民、利民，同时又要适当运用政策和法令对民众进行奖励和惩罚。这就是墨子"尚同"的思想主张落实在具体运作过程中的方法问题。在墨子看来，"同义"的过程需要刑罚的监督和约束，同时解决政治整合过程中产生的矛盾也需要刑罚的威慑作用。他主张运用奖惩包括批评和表扬等手段，维护国家机器的良性运转和政府的权威。具体而言，墨子还强调法律上的赏罚必须和舆论上的毁誉相一致，即行政法律和道德评价相统一，富贵利禄的诱导和酷吏刑罚的威慑相呼应，对于老老实实尚同其上的人就要宽和奖赏，相反，对于不尚同其上的人就要用"五刑"来加以惩罚。可见，墨子是极为重视政治整合与社会治理过程中刑罚运用的灵活性的，或者说，他也像孔子那样主张统治者应采取一种“宽猛相济”的治理方式。

孔子曾经说过：“政宽则民慢，慢则纠之以猛。猛则民残，残则施之以宽。宽以济猛，猛以济宽，政是以和。”（《左传·昭公二十年》）对于那些顽固不化的小人就要用刑罚这种强制的措施加以规约和威慑，对于那些循规蹈矩、服从领导的人就采用宽和的道德感化的方式等等。墨子所谓的“富贵以道其前，明罚以率其后”，其实也就是孔子所说的“宽”与“猛”的两手策略。

古代兵书上说，如果奖赏无功者，惩罚无罪者，部属就会背叛你。由此可见古人深谙赏罚为治军之道。墨子亦是如此。

赏罚严明是墨家核心思想之一，在墨子的论著中多有论及。如墨子在《尚贤》中说：“苟赏不当贤而罚不当暴，则是为贤者不劝，而为暴者不沮矣。”墨子的尚贤，主张对贤能之士予以重赏，“高予之爵，重予之禄，任之以事，断予之令”，这叫“赏誉当贤”。同时对暴者、不肖者加以惩处，实施“罚当暴”原则。又如《兼爱》中有“劝之以赏誉，威之以刑罚”。

墨子赏罚严明的言论，无论对治国，还是治业，都有一定的指导作用。

春秋战国时期，魏国的大军师吴起向君王魏武侯建议：当武侯于祖庙设宴款待国家的有功之臣时，席位应该按功绩的大小分列成前、中、后三排。建立了上等功绩的功臣当坐于前排，享受最上等的菜肴和最好的餐具；功绩稍次的臣子坐于中排，餐具和菜肴相对差些；而没有功绩的人就坐在最后面，菜肴和餐具当然是最次的了。同时，在宴席之后，还要在庙门之外对有功之人的家属，按其功绩大小进行赏赐。这样，不仅有功者受到了与其功绩相称的恩宠，而无功者亦于无形中受到鞭策，使之以此自勉，以图日后立功。

吴起的建议与墨子如出一辙，虽然做法在现代并不完全适用，但其精神，无论在行政管理，还是商业战场上仍然值得我们借鉴与思考。

惩罚与奖励，是领导者在工作中常用的两件利器。但是在作出惩罚决定时，其先决条件是弄清事实。只有在事实清楚后的惩罚才会做到掷地有声，又稳又准。事实会被假象所掩盖，领导者必须分清事实与怀疑之间的界线，必须创造出一个让员工感受到公开、诚实、信任的氛围。

对待事实问题，还必须区分事实与观点的不同。抓住核心的事实，才能够展开详尽的调查。弄清了核心的事实，才能更好地作出有效的决定。

惩罚和奖励的目的都是为使员工更努力地工作。但有时候，由于某些制度或程序的障碍，造成所需要的行为与所惩罚或所奖励的行为之间不一致，因此也无法达到最初目的。

一位年轻的工程师想请 3 天假陪家人去郊游，但他的老板没有批准，因为部门近期的工作很紧张，工人们每天都要加班，连星期六也不能休息。有一天，这位保持最高迟到纪录的工程师又晚到了 30 分钟。老板对此十分生气，警告他：“如果你再迟到一次，我将让你停职 3 天并扣除工资。”你猜第二天谁迟到了？还是这位工程师！这位工程师听到这一警告，为这一难得的机会而沾沾自喜。他终于可以实现自己郊游的愿望了。于是第二天，他故意去得很晚。如其所料，他被停工 3 天，扣除 3 天工资，但他可以与家人一起出去郊游了，他满足了自己的需求。那位老板自以为做得正确，自己“正确”地维护了管理制度，但部门的工作还是无法按时完成。

以上事例中老板按常规办事的做法，造成了惩罚行为与惩罚效果的严重脱节。那位老板敲的警钟最后还是没有敲到实处，反而正中这位工程师的下怀。奖励也是一样，有时造成奖励行为与奖励目的的脱节。领导者奖励什么行为，将会得到更多的这种行为。

领导者对下属的功绩，一定不能忽视。当然，对下属的功劳大有大的奖励方法，小有小的鼓励方式，要因人而异、因功绩而异。但一定要遵循一个前提，就是赏罚分明。

1.有过必要罚。一个团体必须讲究纪律，不能因这个人平时对我好或者是亲朋好友，有过就不惩罚，很容易引起别人的不满。领导者应有过必罚，不能优柔寡断，感情用事，这样才能团结一致，有效地调动所有员工的积极性。

2.有功必要赏。部属有功劳而不奖赏，他就会失望，久之就不愿再立功，甚至造成上下离心离德，难以领导。《说苑》中说："有功者不赏，有罪者不罚；多赏者进，少赏者退；是以群臣比周而蔽贤，忠臣以诽死于无罪；邪臣以誉赏于无功。其国见于危亡。"所以有功必赏，可以激励员工的工作态度，也能融洽上下关系。

在今天，对于"宽猛相济"的为政艺术，如果能够善加运用，也会发挥积极的治理效果和作用。具体地讲，我们在提倡人们应加强自身的道德自律和自觉遵守文明规范的同时，也必须加大立法力度，完善法制建设，充分发挥法律的强制和威慑作用，从而才能维护社会秩序的安定和谐，促进社会主义各项事业有序、稳定、健康地发展。

奖赏可使好的行为得到发扬，惩罚可使坏的行为得到遏制。如军队赏罚严明，可以提升军中士气；公司赏罚严明，可以提升公司的业绩。所以，赏罚严明，体现了褒扬贬抑，指示了人们行动的方向，强化正当的进取，弱化错误的选择。赏罚严明，给人以精神上的满足或抑制，它通过奖赏，肯定了员工的劳动价值乃至人生价值；通过惩罚，否定了一些错误行为和消极因素。故此，赏罚严明是领导者尚同控制必不可少的一项管理策略。

顾全大局，高效协调

【原典】

墨子曰："凡入国，必择务而从事焉。国家昏乱，则语之尚贤、尚同；国家贫，则语之节用、节葬；国家熹音湛湎，则语之非乐、非命；国家淫僻无礼，则语之尊天、事鬼；国家务夺侵凌，即语之兼爱、非攻。故曰：择务而从事焉。"

【古句新解】

墨子说："凡是到一个国家。必须选择重要的事情去做。国家昏乱，就对他讲'尚贤'和'尚同'的道理国家贫穷，就对他讲'节用'和'节葬'的道理；国家喜好音乐，沉迷于饮酒，就对他讲'非乐'和'非命'的道理；国家淫邪无礼，就对他讲'尊天'和'事鬼'的道理；国家欺凌、掠夺、侵略别的国家，就对他讲'兼爱'和'非攻'的道理。所以说，要选择重要的事情去做。"

自我品评

这也是我们通常所说的"墨子十论"，是墨子思想的纲领性提要或概括。可以说，这十条当中的每一条都是针对当时社会政治的弊病而提出来的改革方案，具有极强的针对性和实效性。这里面，墨子还提出了一个十分重要的做事原则，即"必择务而从事焉"，他认为做事情应该选择那些迫切需要解决的、重要的事情去做。在面对问题的时候，要根据事情的轻重缓急作出恰当的选择，这样做起来就会井井有条，事半功倍。

俗话说：事有先后，用有缓急。对一个领导者来说，事务千头万绪，问题繁多，特别是在社会高度发展的今天，社会关系、人际关系和工作关系更加复杂化、多样化，这在客观上需要领导者具备更高的协调、筛选和处理各种信息和事务的能力。遇事不可“眉毛胡子一把抓”，特别是面对突发事件的时候，更应该分清主次和轻重缓急，要善于抓主要矛盾，解决主要问题，不断培养领导者顾全大局、协调各方的能力。

墨子准备外出游历，魏越问墨子：“您见了各国的君主后，将先对他们说些什么呢?”

墨子回答说：“凡到一个国家，一定要选择紧迫的事去做。假若国家昏乱，就对他讲‘尚贤’、‘尚同’的道理；假若国家贫困，就对他讲‘节用’、‘节葬’的道理；假若国家沉湎于音乐和酒，就对他讲‘非乐’、‘非命’的道理；假若国家淫乱无礼，就对他讲‘尊天’、‘事鬼’的道理；假若国家掠夺侵凌他国，就对他讲‘兼爱’、‘非攻’的道理。”

墨子认为，做事应先选择那些迫切需要解决的、重要的事情去做。在面对问题时，如果能按事情的轻重缓急来处理，不但做起事来井井有条，而且能抓住时机，高效地把事情做好。否则，就会延误时机，导致事情失败。

东汉中平元年，于禁投奔东郡太守曹操，不久即随曹操征讨张绣。初次交战，魏军大败。曹操仓皇率败军往青州退却，张绣率大军紧追于后。

此时青州正由于禁和夏侯惇镇守，夏侯惇与曹操是同宗兄弟，便纵兵借袁军之名，掠劫民家。于禁则率本部军沿东部剿杀扰民之流兵散勇，安抚众民。

这时曹操已败回青州，扰民之兵哭拜于地，说于禁造反，追杀青州军马。曹操大惊，命夏侯惇、李典、许褚等整兵迎击于禁。

于禁见曹操及诸将整兵俱到，如临大敌。有人劝说于禁：“青州军在曹丞相面前诽谤，说将军造反，今丞相领大军已到，显然是听信了谎言，将军不前去向丞相分辩，为什么还安营扎寨呢？”于禁坦然说：“张绣贼兵追赶在后，立即就到，若不先准备迎敌而自己人先分辨是非，怎样拒敌？分辨事小，退敌事大。为将者应先公而后私，处政者则宜先敌而后己。”

于禁的营寨刚刚部署完毕，张绣的追兵即分两路杀到。于禁率兵乘敌远道疲惫而至，大举迎头痛击，张绣兵败而逃。

于禁收军点将，安顿好士兵，只身入见曹操，详细禀明青州兵肆行乡里，掠夺财物，大失民望。以致流民占山为寇，致袁残余与流民汇合，破坏了魏军青兖根基。

曹操反问于禁：“不先向我禀报，反而安营下寨，怎样解释？”于禁把前番话又申诉一遍。曹操这才下座，牵其手，绕帐一周，对众将说：“于将军在匆忙之中能整兵坚垒，任劳任怨，反败为胜。虽古之名将何以加兹!”曹操遂封于禁为益寿亭侯。

于禁将军在面对突变时能分清事情轻重缓急，先解决了全军的危机，后化解了自己的危机，其以大局为重的全局观得到了曹操的充分肯定。

事有轻重缓急，领导者在处理问题、尤其是在应对突发事件时，也不能想到什么就做什么，面临什么就处理什么，而要像于禁一样保持冷静，分清轻重缓急，抓住重点，抓住主要矛盾，这是培养全局观、战略观的基本要求，也是成功者最大的处事秘诀。

美国的卡耐基在教授别人期间，有一位公司的经理去拜访他，看到卡耐基干净整洁的办公桌感到很惊讶。他问卡耐基说：“卡耐基先生，你没处理的信件放在哪儿呢？”

卡耐基说：“我所有的信件都处理完了。”

“那你今天没干的事情又推给谁了呢？”经理紧迫着问。

“我所有的事情都处理完了。”卡耐基微笑着回答。看到这位公司经理困惑的神态，卡耐基解释说：“原因很简单，我知道我所需要处理的事情很多，但我的精力有限，一次只能处理一件事情，于是我就按照所要处理的事情的重要性，列一个顺序表，然后就一件一件地处理。结果，完了。”说到这儿，卡耐基双手一摊，耸了耸肩。

“噢，我明白了，谢谢你，卡耐基先生。”几周以后，这位公司的经理请卡耐基参观其宽敞的办公室，对卡耐基说：“卡耐基先生，感谢你教给了我处理事务的方法。过去，在我这宽大的办公室里，我要处理的文件、信件等等，都是堆得和小山一样，一张桌子不够，就用三张桌子。自从用了你说的法子以后，情况好多了，瞧，再也没有没处理完的事情了。”

这位公司的经理，就这样找到了处理事务的办法，几年以后，成为美国社会成功人士中的佼佼者。我们为了个人事业的发展，也一定要根据事情的轻重缓急，制出一个事情表来。人的时间和精力是有限的，不制定一个顺序表，你会对突然涌来的大量事务手足无措。

领导者总是会遇上各种各样的问题和麻烦。这些令人应接不暇的大事小事，有时候就像热气球遇上麻烦一样到处乱撞。照顾了这一点又忘记了那一点，无论怎样权衡利弊，始终不能尽善尽美。这时，领导者就要善于发现并解决其中最迫切的问题。只有先解决这些问题，才能解决其他问题。否则，在细枝末节上浪费时间就会贻误时机，导致失败。

因此说，领导者要有顾全大局，高效协调的能力：凡事都有轻重缓急，最重要的事情应该优先处理，不应和其他事情混为一谈。对那些零零散散的事务，可以先把它们按照“急重轻缓”的顺序整理好，然后再着手处理。否则，一个领导连自己的事务都处理不好，如何尚同控制，引导众人呢？

第四章

爱人者人必从而爱之，利人者人必从而利之

——墨子原来这样说人间兼爱

墨子认为，人性是易受外界环境的影响而不断转化的。你对我友爱，我也就会对你友善；你对我残忍，我也就会对你不仁不义。他是用一种交换互动的理论和因果报应的关系来诠释人与人之间情感的关联性的，虽然这种观点具有强烈的功利主义的意味。但是，墨子通过这种对比，来规劝人们应该努力向善并且要相亲相爱。在墨子看来，当一个人真正懂得他所说的意思后，肯定会收敛对他人的嫉恨和伤害之心，而乐于去爱人利人的。

爱人如己，惠己及人

【原典】

墨子曰：“若使天下兼相爱，爱人若爱其身，犹有不孝者？”

【古句新解】

墨子说：“假若天下都能相亲相爱，爱别人就像爱自己，还能有不孝的吗？”

自我品评

墨子指出，像爱自己一样去爱别人，这世界还会有纷争、仇怨吗？爱人，并不是不爱自己，当然你更该去爱别人。光爱自己是远远不够的，也不是真正的有爱心，做人有爱心，最主要的还是要能爱别人，要有博爱之心，那怎样去爱人呢？这就要求我们要平等待人，己所不欲、勿施于人，像爱自己那样去爱别人。

楚汉相争时，蒯通劝说韩信离开刘邦，与项羽结盟，从而双利俱存，三分天下，鼎足而立，分封诸侯，做天下盟主。韩信不听劝告，他说，他不忍心背叛刘邦。他说，自己当年在项羽手下只是一个小小的郎中，位不过执戟之士，自己向项羽进献计谋时，项羽从不采纳。而刘邦则不同，刘邦不但授他上将军之职，让他统率大军，而且极力改善他的衣食住行，对他家庭的关照也是无微不至。所以韩信回答蒯通说："汉王待我十分厚恩，把他的车给我乘，把他的衣给我穿，把他的食物给我吃。我听古人说：乘过人家车子的人，要给人家分担患难；穿人家衣服的人，也该给人家分担忧虑；吃人家饭的人，就得为人家卖命。我怎么可以图谋私利而违背道义呢!"

商汤王三到有莘，终于使伊尹答应做他的相国；周文王因为敬老尊贤，所以吕尚、太颠、闳天、散宜生、鬻子这些有才能的人都听从他的指挥；刘备三顾茅庐，所以诸葛亮出山相助，三分天下。这就是礼一所以获十、罪一所以去百、获人所以尊己、助人所以成己的明证。

19世纪90年代，在苏格兰，有一位名叫弗莱明的贫苦农夫，心地善良的他，一直以来都非常乐于助人。这一天，他正在田里干活，忽然，听到附近的沼泽地里，传来了一阵哭喊求救的声音，弗莱明闻声来不及扔下手中的农具，立刻就快速跑了过去。

原来，是一个小男孩，因一时大意陷入了泥沼地中，孩子正挣扎着无力自拔，谁知，越是挣扎便愈陷愈深。

农夫弗莱明赶紧将锄头柄伸了过去，将小男孩拖出了死亡之地。

弗莱明觉得这只是举手之劳，因此并没有放在心上。

然而，几天以后，一辆华丽的马车，却停在了弗莱明家的门口，只见一位彬彬有礼的绅士走下了马车，绅士来到弗莱明的面前说，自己就是那个被救小男孩的父亲，而这一次，是专程前来道谢的。

绅士知道弗莱明的家境十分贫困，打算给他一大笔钱，以示感激之情。然而，善良的农夫坚持不收，并且他还一再申明："我不是想要你的钱，才救你孩子的。"

正当他们互相推让之际，一个小男孩突然从外面走进了屋里，绅士看见后问道："这是您的儿子吗?"

弗莱明点点头说："是的，这是我的小儿子。"

随后，绅士接着说："那这样吧，既然您不愿意收钱，我也就不勉强了。但是，您毕竟是救了我儿子的，不如让我也为你的儿子尽点力。如果您愿意的话，我打算资助您儿子接受良好的教育，假如这个孩子也像您一样善良，那么，他将来一定会成为一位令您感到骄傲的人。”

想想自己这个家徒四壁的环境，再看看这位非常有诚意的绅士，弗莱明为了孩子的将来考虑，便答应了绅士的提议。而绅士也是说到做到，从小学到大学一直供这个孩子读书，直到这个孩子从医学院毕业为止。另一方面，弗莱明的孩子也很争气，凭着自己的勤奋与努力，在 1928 年首次发明了举世闻名的青霉素，成为了英国著名的细菌学家亚历山大·弗莱明教授。

俗语说，无巧不成书。半个世纪以后，被农夫弗莱明救起的绅士的儿子，在一次出国回来时，非常不幸地感染了肺炎，在当时医术并不发达，肺炎是一种难以治愈的疾病。在几位医生都束手无策之时，绅士儿子的病情却在不停地恶化而生命垂危。正当在生死攸关之际，听说此事的弗莱明教授赶紧带上青霉素，来到绅士儿子的身旁。

经过弗莱明教授精湛医术的治疗，绅士儿子的疾病终于痊愈了。其实，那位被农夫弗莱明救起的男孩不是别人，就是英国著名的政治家，“二战”时期的英国首相丘吉尔爵士。时隔不久，丘吉尔为了答谢弗莱明教授，特地亲自登门拜谢，并且，还真诚地对他说道：“你们一家人救了我两次，给了我两次生命啊!”

弗莱明教授回答：“不，第一次是我父亲救了您，而这一次不是我救了您，应该说是您父亲救了您!”

也许，谁都不可能料到，一位农夫救起一个素不相识的孩子，竟然会对自己的人生发生如此重大的影响，他自己的儿子因此而获得了接受高等教育的机会，并且，在日后还成为了英国著名的细菌学家，举世闻名的青霉素的发明者。丘吉尔首相在“二战”中功勋卓著，弗莱明教授发明的青霉素拯救了无数条鲜活的生命，这两个人都为人类作出了重大贡献!

在这个完美结局的最后，我们不妨试想一下，如果没有农夫那一次的善举，又怎么可能有后来这两位年轻人的辉煌成就呢？从这个意义上而言，农夫弗莱明行善积德所获得的报酬，才是最高、最优厚的，甚至还可以说，是举世无双的！其实，这个真实故事有一定偶然性，而农夫这种不求回报的纯粹善举，才是最值得我们学习的。

做好事的人并不图别人报恩，只是良心使然，感到这是自己应该做的，也正是因为他们善良，经常做好事，天长日久，在诸多好事中必然会获得回报。而那些善于搞阴谋诡计者的下场，往往都会被人们唾弃；常年偷盗的贼，也早晚都会被抓；负有命案并侥幸外逃者，极有可能因其他案件而露出马脚；诈骗高手，也总有被人识破的时候。

爱他人如爱自己，与人交往所求的是彼此的互惠互利。这是一种不拘囿于血缘关系和等级差别的兼相爱与交相利。不论什么人，都应该爱别人如同爱自己。爱人如己，将会惠己及人，何乐而不为呢？

投之以桃，报之以李

【原典】

墨子曰："无言而不仇，无德而不报，投我以桃，报之以李。"

【古句新解】

墨子说："没有什么言语我会不答应，没有什么恩德我会不回报，你投给我桃子，我回报给你李子。"

自我品评

墨子引用《诗经·大雅》中的诗句，他是想借用这句话来强调指出，人际之间的交往关系，不是互爱互利的，就是互恨互害的，所以，如果考量利弊得失的话，显然，前一种关系要胜于后一种关系。所谓的"投我以桃，报之以李"，这主要是讲人际之间良性互动的关系，那么，谁又愿意算计、嫉恨、伤害他人，反被他人的算计、嫉恨和伤害所毁灭呢？这样的人，如果不是利令智昏，那也肯定是心智出了毛病，正所谓"聪明反被聪明误"，狡诈之人也终会因自己的脸厚心黑而自误而悔恨。

战国时梁国与楚国相邻。两国颇有敌意，在边境上各设界亭（哨所）。两边的亭卒在各自的地界里都种了西瓜。梁国的亭卒勤劳，锄草浇水，瓜秧长势良好；楚国的亭卒懒惰，不锄不浇，瓜秧又瘦又弱。

人比人，气死人。楚亭的人觉得失了面子，在一天晚上，乘月黑风高，偷跑过去把梁亭的瓜秧全都拉断。梁亭的人第二天发现后，非常气愤，报告县令宋就，说我们要以牙还牙过去把他们的瓜秧扯断！

宋就却说道：“楚亭人的这种行为当然不对。别人不对，我们再跟着学就更不对，那样未免太狭隘、太小气了。你们照我的吩咐去做，从今开始，每晚去给他们的瓜秧浇水，让他们的瓜秧也长得好。而且，这样做一定不要让他们知道。”梁亭的人听后觉得有理，就照办了。

楚亭的人发现自己的瓜秧长势一天比一天好起来，仔细观察，发现每天早上地都被人浇过，而且是梁亭的人在夜里悄悄为他们浇的。

楚国的县令听到亭卒的报告后，感到十分惭愧又十分敬佩，于是上报楚王。楚王深感梁国人修睦边邻的诚心，特备重礼送梁王以示歉意。结果这一对敌国成了友好邻邦。在矛盾面前，应该大事化小，小事化了，不要冤冤相报，没完没了，古人尚且知道这样的道理，你应该如何面对呢？不要抱怨别人对你不好，因为你用什么样的心态对待别人，别人就用什么样的心态对待你。不能友好待人的人，也终究只有敌人，而你的错也已经无可挽回了。

中国古代哲人倡导“以德报怨”这种做人规范，对于这一点我们当然不可能要求每一个人都做到，在当今这样一个物欲横流的时代，这种处世方式对年轻人来说是一种苛求了。但是，我们的老祖宗毕竟是高瞻远瞩的。做人也一样，如果凡事都像对待自己一样去对待别人，把敌人当成朋友，那么还有什么不可以平心静气的解决呢！

古诗说：“投我以木瓜，报之以琼琚。”在日常生活的许多偶然事件中，我们只是无意地付出一点点，往往会得来一个意想不到的结果。也许正是因为你无私地袒露心灵，用善良、博大的心，真诚地做了一些事情，这种真挚的付出更加令人感动，总有一天你的好运就会来临。

20多年前，美国移民潮风起云涌。一个叫迈克的年轻律师，在一个移民集中的小镇开办了一个律师事务所，专门受理移民的各种事务和案件。创业之初，尽管他很勤奋，但仍然穷得连一台复印机都买不起。他整天开着一辆破车，来往于移民之间，尽自己的所能，真诚地帮助需要帮助的移民。后来，迈克的律师事务所在当地小有名气，财富也接踵而来，他的办公室扩大了，并有了自己的雇员和秘书。

正当他事业如日中天的时候，一念之差他将所有的资产都投资于股票，并且几乎全部亏尽。更不巧的是，由于美国移民法的修改，职业移民额削减，他的律师事务所也门庭冷落，他破产了。正在他不知如何度过下半生、感叹人生无常时，他收到了一位公司总裁寄来的信。信中说愿意把公司30%的股份无偿地赠送给迈克先生，并且他旗下的两家公司，随时都欢迎迈克先生做终身法律顾问。

迈克简直不敢相信自己的眼睛，这是真的吗？是谁会在最危难的时候帮助自己？迈克决定亲自去拜访这位总裁。

这位总裁是一位40多岁的波兰裔中年人。

“还认识我吗？”总裁微笑着问迈克。迈克摇头，怎么也想不起在哪儿见到过他。

总裁从硕大的办公抽屉中拿出一张皱巴的5美元汇票和一张写有迈克名字和地址的名片，说：“20年前，我来到美国时，准备用身上仅有的5美元去办理工卡，但当时我不知道办理工卡已经涨到了10美元。当排到我的时候，办事处快下班了。如果我当天没办上工卡，那么我在公司的位置将会被别人取代，而此时你从身后递过来5美元。当时我让你留下姓名、地址，以便日后把钱奉还……”

迈克渐渐地想起了这事，便问：“后来呢？”

“不久，我在这家公司连续申请了两个专利，事业发达起来。是这5美元改变了我的人生态度和方向。”

这个故事听起来好像极为偶然，但偶然发生的事件其实也蕴涵着一种必然。一个善良的具有怜悯心的人，总会在不经意时帮人一把，他们没有将此行为看作是一种付出，而是觉得能伸把手帮人一把就帮一把，没有想过得到回报。但善良的付出总会得到回报，这种回报与其说是上帝的赐予，不如说是我们自己种下了善因。处处播种善因，必定收获善果！试想一下，假如当初迈克不去用5美元助人，那么他后来怎么会得到总裁那么大的恩惠。

商品社会使一些人学会了“势利眼”，他们乐于太多的“锦上添花”而不是“雪中送炭”，有的人为了自己的利益，损害别人的利益，还常常玩个“落井下石”什么的。但这种行为终究经不起时间的检验，终有一日会不攻自破，自找没趣。我们应该明白，世事难料，谁也不知道将来会需要谁的帮助，与人方便，自己也方便，何乐而不为?

你为别人着想，别人也为你着想，这是一项简单而快乐的“回报效应”——凡真心助人者，最后没有不帮到自己的。

人都是感情动物，是将心比心的。其实每个人来到世上都像是一个农夫，所做的一切事情，好比撒播种子，不管收获如何，只要我们依然保持一颗善心，相信都会有好的收获。

义利统一，利己利人

【原典】

墨子曰："义，利；不义，害。志功为辩。"

【古句新解】

墨子说："义，就是利己利人；不义，就是害己害人。义与不义应该根据实际所做的事情来辨别。"

自我品评

墨子的上述名言简洁而精到地阐述了"义"、"利"之辩以及如何来判断"义"与"利"的问题。意思是说"义"、"利"是完全吻合统一的，只要按"义"行事就可以利人利己，这就是最大的"利"，否则就是最大的害。当然，作者在此处所言的"义"不是墨子所说的"一人一义"之"义"，而是所有天下人的"公义"，或者说就是墨子所倡导的"天志"。

"义利之辩"是中国伦理思想史上讨论较多的问题之一，也是争论较激烈的问题之一，是构成古代伦理思想最基本的一对范畴。在中国古代伦理思想体系中，"义"一般指仁义道德；"利"指的是功利，物质利益。对于这一问题的讨论，尤其以儒、墨两家的观点最具代表性。根据文献记载，最早提出"义利"关系问题的应该是儒家的创始人孔子，他明确提出了"君子喻于义，小人喻于利"（《论语·里仁》）

的著名命题，“义”与“利”被看做是一对基本的对立范畴。

孟子在继承孔子这一观点的基础上，更有所发展，乃至将义利之辩问题推向了一个极端的境地，如他说“王！何必曰利？亦有仁义而已矣。”（《孟子·梁惠王上》）孔孟之后，儒家始终没有跳出和摆脱“重义轻利”的思维定式。与儒家不同，墨家则高举起“义利合一”的大旗，观点鲜明地反对孔孟的“重义轻利”观，认为“义”与“利”是完全统一的，“兼相爱”和“交相利”也是可以互训的，“义”就是“利”，反之亦然。墨子在宣扬其“兼爱”思想时，经常是“爱人”和“利人”并提，如墨子说：“古者明王圣人所以王天下，正诸侯者，彼其爱民谨忠，利民谨厚，忠信相连，又示之以利，是以终身不厌，殁世而不倦。”（《墨子·节用中》）

墨家的这种“义利统一”的思想，对于修正儒家“重义轻利”观的偏颇，特别是对于正致力于发展和完善市场经济的我们来讲，都是富有积极意义和启发作用的。既注重满足人们的利益需求，又要规范人们的求利行为，使之合乎道义的准则。只有当人们真正做到了诚实守信、合法营利，人们的出自自私自利动机的求利行为才有可能促进整个社会财富的增加，私利和公义的有机统一是市场经济健全和完善的根本体现。

“君子爱财，取之有道”是老祖先留给我们的宝贵遗产和忠告，它告诫后人谋取钱财必须要靠自己的辛勤劳动，要遵纪守法、符合道德伦理纲常。

墨子的弟子胜绰在项子牛那里做官。项子牛三次侵犯鲁国的领土，胜绰三次都参与了。墨子听说这件事后，就派高孙子去请求项子牛辞退胜绰。

墨子说：“我让胜绰去，是为了制止骄横并且匡正邪僻。现在胜绰俸禄多了就欺骗先生，先生三次侵犯鲁国，胜绰三次都参与了，这是在马胸前敲鞭策马。我听说，口中讲仁义却不去实行，这是明知故犯。胜绰不是不懂，他是把俸禄看得比义还重。”

墨子认为，追求财物不能违背仁义、道义。从古至今，人们从事各种劳动绝大多数都是为了取得财物，因为财物可以给人带来富裕的生活和享受的资本。

一个奔走于商场的人士，他要施展的智慧永远是趋利避害，对于他来说，金钱是没有区别的，人们常把钱分成“来路清白的钱”和“不义之财、不干净的钱”两种，比如把囤积居奇赚得的钱看做不干净的钱，而把种田、做其他苦力换来的少得可怜的钱，看做干净的钱。由此可以看出，人们对赚钱的手段看得很重，这也正是“君子爱财，取之有道”的影响所在。

唐·弗尔塞克就因为坚守了信誉，才使自己的多米诺皮公司闻名于世。

美国有一家多米诺皮公司，作为这家公司的总裁唐·弗尔塞克，非常注重商业信誉，因为他们的企业经营方式非常有特色，那就是向所有人承诺，他们能在相对最短的时间内，将客户所订的货物，送到任何其指定的地点。自唐·弗尔塞克作出这个承诺以后，始终坚持维护自己良好的信誉，也正因为有了这个独特之处，使得“多米诺皮”在众多的竞争对手中，一直都立于不败之地。

与此同时，为了这一极富挑战性的承诺，唐·弗尔塞克可谓是煞费苦心，因为这必须保证自己公司的供应部门，在任何时候都不能中断公司分散在各地的商店与代销点的货物供应，假如这些分店与代销点，因商品供应不及时而影响客户的利益，那么，多米诺皮公司的损失便难以估算了。

这一天，唐·弗尔塞克的多米诺皮公司出事了。

多米诺皮公司的长途送货汽车，在运输货物的过程中出现了临时故障，然而，车中所运的货物，却是一家老主顾急需的生面团，一时间，所有人都乱了阵脚，不知道该如何是好，不少人主张给这位老主顾打个电话，相信他是能够谅解的。当唐·弗尔塞克知道了这一状况后，当即决定包一架飞机，以将那些生面团送往供销店，于是，生面团非常及时地被送到了那个老主顾的商店里。

“就几百公斤的生面团，值得用一架飞机去运送吗?”当时，有很多员工都对总裁的做法不理解，出于对公司的关心，这些员工提出了自己的疑问：“货物的价值，还抵不过运费的十分之一呢，您这样做只能是得不偿失!”

然而，唐·弗尔塞克总裁却回答道：“的确，你们一定会感到很奇怪，也许，就表面来看，我们亏了很多，但是，我们情愿赔这些钱，也绝不能中断了供销店的供货，因为这一架飞机不仅仅为我们送去了几百公斤生面团，而且，它还送去了我们多米诺皮公司始终不变的信誉!”

古往今来，生意人都喜欢给自己一个座右铭，如“君子爱财，取之有道”；“仁中取利真君子，义内求财大丈夫”；“生财有大道，以义为利，不以利为利”等等。这些被商人们津津乐道的名人名言，便有力地说明了在商业经营之中，一定要懂得“义”与“利”的关系，坚决反对那些非正道的取财方式。

但有一小部分抱有不劳而获思想的人就不是坚守正道，合法谋求财富了。在利益的驱动下，他们打着冠冕堂皇的旗号牟取不义之财。这些人的世界观、人生观出了问题，价值取向出现了严重偏差。

追求钱财没有错。但君子爱财，应取之有道。违背正道，非法牟取不义之财的行为，也正是人们尤其是商人应引以为戒的。其实，经商也好，为人处世也好，都要把握好义与利的关系。要切记：君子爱财，取之有道。做到义利统一，不仅利于自己，同时也是一种爱人的表现。

大爱无疆，爱满人间

【原典】

墨子曰："爱人，待周爱人而后为爱人。"

【古句新解】

墨子说："爱人，必须普遍地爱所有的人，然后才算是爱人。"

自我品评

这是墨子对"兼爱"思想的进一步阐释，即"兼爱"作为爱人的方式，就是普遍地爱天下所有的人，当然也包括自己在内。兼爱不仅仅是人与人之间要相互敬爱，更是要求每个人要有爱天下人之心，也就是说，要有一种博爱的精神。

如果只是爱一部分，或者极少数人，那就不是爱人，就不是"兼爱"。这句名言充分反映了墨家主张"兼爱"思想的普遍性和彻底性，体现了他们渴望天下人人彼此相爱相利的最美好的愿望。

显然，墨子所谓的"爱人"是爱普天之下所有的人，大爱无疆，"兼爱"是不分亲疏贵贱的，是一种真正意义上的普遍的爱、平等的爱，比儒家所倡导的建立在亲情、血缘基础之上的等差之爱更富有博大、平等的精神。

人生在世，说长，悠悠数万日，遥遥无期；说短，匆匆几十秋，弹指一挥间。要想过得充实而有意义，我们就必须选择博爱。选择博爱，就是选择用一颗充满爱的心去关心身边的人和事；就是选择把自己的整颗心，用于对生活的热爱和对世界的感恩。

巫马子对墨子说：“您兼爱天下，没有什么益处；我不爱天下，没有什么害处。功效都还没有达到，您为什么只认为自己正确而认为我不正确呢?”

墨子说：“现在有人在放火，一个人捧着水要去灭火，另一个人拿着火苗要去助燃，都还没有做成，你认为这两个人谁是对的呢?”

巫马子说：“我认为那个捧着水要去灭火的人用意是对的，那个拿着火苗要去助燃的人用意是不正确的。”

墨子说：“我也认为我的用意是正确的，而认为你的用意是错误的。”

“兼爱”是墨家学派最有代表性的理论之一。所谓“兼爱”，其本质是要求人们爱人如己，彼此之间不要存在血缘与等级差别的观念。墨子认为，不相爱是社会混乱的最大原因，只有通过“兼相爱，交相利”才能使社会达到安定状态。虽然墨子这种反对贵族等级观念的理论带有强烈的理想色彩，但它的进步意义在今天仍不过时。

墨子的“兼爱”，用今天的话说就是博爱。当前和谐社会的理性原则是发展人、尊重人、关爱人，而这一切都要以博爱的胸怀为基础。

博爱包括五心，即爱心、谦卑之心、赞美之心、包容之心、感恩之心。

爱心。爱自己的亲人、朋友，则是好人；爱自己的敌人、爱曾经伤害过自己的人，则是伟人。一条爱心之旅，大家用一颗真诚的心，互相扶持，彼此都能走出生命的坎坷，走向生命的精彩。

谦卑之心。俗话说“三人行，必有我师焉”。在别人身上总能发现胜过自己的地方。活到老，学到老，善于发现别人的优点，勇于学习别人的长处，这样才能使自己得到不断的提高。

赞美之心。真诚赞美那些稍纵即逝的美丽，真诚赞美那些伤害过你的人的美丽，爱就会在赞美中诞生，友谊就会在赞美中产生，亲情就会在赞美中升华，宽容亦会由此而生。

包容之心。人非圣贤，孰能无过？人总会有这样那样的缺点，每个人都希望别人能包容自己的缺点，接纳自己的短处。既然如此，为何我们不从自己做起呢？

感恩之心。感谢父母，他们把我们养大；感谢老师，他们教予我们智慧；感谢朋友，在孤独时他们相伴左右；感谢曾经伤害过我们的人，生命因他们而精彩；感谢生活，它引导我们去理解、去追求更有意义的人生。

每一个人，对于自己所碰到的人，都有爱和被爱的相互责任，我们怎样为他们树立爱的榜样，将会对他们如何去爱别人产生重大的影响。当我们表达爱心的时候，别人会看着我们，甚至把我们当做学习的榜样。

我们会问："谁可以当我们的好榜样？谁是我们最应该仰慕的对象？"我们可以从历史人物中找到他们，也可以在开放和诚实的心态下遇见他们，我们也会在日常生活中发现他们。

南丁格尔舍弃了财富和舒适的生活，去追寻她心中深刻的需求。她被一种要去照顾千千万万个人的使命所驱使，要去分担他们在她身边死亡的时候所经受的绝望情绪和恐惧。最后她成为我们今天所熟悉、敬仰的"白衣天使"之母。

选择博爱，就是选择对情感的珍视。人生一路，处处有情：亲情、友情、爱情，无不让生命充满感动与绚丽。"慈母手中线，游子身上衣"是亲情的关爱；"海内存知己，天涯若比邻"是友情的牵挂；"何当共剪西窗烛，却话巴山夜雨时"是恋情的思念。每一个生命都走不出情感的射程，是那些情感，让人们好好生活、好好工作、好好珍惜属于自己的分分秒秒。珍视情感，让生命多些感动与回味。

人与人之间相爱是人际和谐、团结、协作的前提，也是社会、团体、组织和谐的前提。人与人相爱是人类文明的一种标志，是进行文明自律管理不可缺少的重要条件。一位名人说过：“天没暖，大地先暖，所以有许多花钻出冰雪绽放；人情不暖，内心先暖，所以我们才能在乱世做一剂清流。”爱的力量是无穷大的，爱是人类繁衍生息的经络，没有爱，世界将再度毁灭。爱没有疆域，只要我们每个人都怀着一颗善心，怀着一颗博爱之心去对待我们身边的每一个人，那么爱的花瓣将会撒满人间……

万事莫贵于义

【原典】

墨子曰：“万事莫贵于义。”

【古句新解】

墨子说：“天下万事万物之中，没有什么比道义更重要可贵的了。”

自我品评

墨子对“义”给予高度评价，他提出：“万事莫贵于义。”墨子为何会对“义”作出这样高的评价呢？他心目中的“义”又究竟为何呢？在此，我们有必要对这一问题作一下简单探讨。可以说，墨子对“义”的理解不同于先秦诸家：首先，墨子认为“义者，利也”，将物质利益作为“义”的具体内涵的重要方面。但是，“利”又有私人之利和国家万民之利的区别，显然不是所有的“利”都可以包含在“义”之内。其次，墨子指出“义者，正也”，认为“义”是“正”，是正义之利，也就是有利于他人之利，将纯粹的个人之私利排除在“义”之外，从而与那种狭隘的自私自利的个人功利主义划清了界限，即墨子所言的“义”是利国、利民、利天下的“公义”。

也正是这种“公义”才能起到富国家、治刑政、安社稷的作用，因而被墨子称为“天下之良宝”，乃至认为“万事莫贵于义”。因此，在墨子看来，如果对天下万民有利，则生不足重，死不足惜。现实中，墨子也正是亲自以“摩顶放踵”的实际行动来诠释着他的理想和信念，为了行“义”就应该有一种超越生死、宁愿粉身碎骨的大无畏精神和甘于奉献的情怀。并且以此来教育弟子，而墨家弟子也没有辜负墨子的期望，当真做到了为“义”而舍生忘死。一般的人认为天下没有比生命更重要的，而墨子却认为生命在“义”的面前是微不足道的，只有“义”才是最为重要的，“万事莫贵于义”。

成功的终极意义不在于个人生命的幸福和利益的巨大。并且，它也不由自己对自己的生存意义给予评判。个人不能离开他赖以生存的群体，不能离开由这些群体所构成的社会；个人的生命价值是由他人、社会给予评判的。只有在一定的社会条件下，个人的人生价值才能得以体现出来。因此，一个人在自己的人生征途中时刻不能脱离集体、社会；个人必须为大众、为社会承担责任，作出贡献，奉献自我。一个人只有超越自己生命的狭小圈子，而热心投入到社会之中，才有可能实现自己的人生价值。

诺贝尔和平奖得主，受全世界敬仰的德兰修女，由于和英国平民王妃戴安娜的死期接近，所以有人将她们二人相提并论，但她们却是两个截然不同的类型。德兰没有戴妃的风华绝代，她个子瘦小，相貌普通；她有的，是一颗美丽的爱心。戴妃在卫生、安全的医院里和艾滋病人握手，会有记者拍下照片刊登在报刊杂志上。让人歌颂她的爱心；可德兰却不知多少次在污秽、肮脏的街道拥抱那些患皮肤病、传染病，甚至周身流脓的垂死病人，把他们带回自己的住处，照顾他们，安葬他们，让人们享受她的奉献。

很多人一谈到德兰修女，都说她是个伟大的人，和她相比，自己实在太渺小了。可德兰修女却说：“我们都不是伟大的人，但我们可以用伟大的爱来做生活中每一件平凡的事。”

程婴救孤的故事流传已久，想必大家都听过。

晋景公年间，奸臣屠岸贾欲除忠烈名门赵氏。他率兵将赵家团团围住，杀掉了赵朔、赵同、赵括、赵婴齐等全家老小。唯一的幸免者，是赵朔的妻子，她是晋成公的姐姐，肚子怀着孩子，躲在宫中藏起来。

赵朔有个门客叫公孙杵臼，还有一个好友叫程婴。赵朔死后，两个人聚到了一起。公孙杵臼质问程婴："你为什么偷生？"程婴说："赵朔之妻正在怀孕，若生下来的是个男孩，就把他抚养成人，报仇雪恨，若是个女孩，我就彻底失望了，只好以死报答赵氏知遇之恩。"

不久，赵妻就分娩了，在宫中生下个男孩。屠岸贾听说了，立刻带人到宫中来搜索，却没有找到赵氏母子的藏身之处。母子俩逃脱这次劫难后，程婴对公孙杵臼说："屠岸贾这次没找到孩子，绝对不会罢休。你看怎么办？"公孙杵臼一腔血气地问："育孤与死，哪件事容易？"程婴回答："死容易，育孤当然难。"公孙杵臼说："赵君生前待你最好，你去做最难的事情。让我去做容易的事情，我先去死吧！"

于是，公孙杵臼假扮医者入宫看病，用药箱把孤儿从宫中偷运出来，交给程婴。程婴含泪将自己尚在襁褓中的孩子抱上，与公孙杵臼一起逃到了永济境内的首阳山中。让妻子带着赵氏孤儿朝另一个方向逃去。屠岸贾闻之，率兵来追。程婴假作无奈从山中出来说："程婴不肖，无法保生赵氏孤儿。孩子反正也是死，屠岸将军如能付我千金，我就告诉你孩子的藏身之处。"屠岸贾答应了。程婴领路，终于找到隐匿山中的公孙杵臼和婴儿。

公孙杵臼当着众人的面，大骂程婴，他一边骂一边佯装乞求："杀我可以，孩子是无辜的，请留下他一条活命吧！"屠岸贾当然不允。程婴眼睁睁地看着自己的亲生儿子和好友公孙杵臼死在乱刀之下。

程婴带着赵氏孤儿来到了山高谷深、僻静荒芜的盂山隐居起来。十五年后，知情人韩厥利用机会，劝说晋景公勿绝赵氏宗祀。景公问赵氏是否还有后人，韩厥提起程婴保护的赵氏孤儿。于是孤儿被召入宫中。此时，孤儿已成少年，名叫赵武，景公命赵武见群臣，宣布为赵氏之后，并使其复位，重为晋国大族，列为卿士。程婴、赵武带人攻杀屠岸贾，诛其全族。

赵武 20 岁那年，举行冠礼，标志着进入成年。程婴觉得自己已经完成夙愿，就与赵武等人告别，要实现他殉难的初衷，以及了却对公孙杵臼早死的歉疚心情。他其实也是想以一死表明心迹，证明自己苟活于世，绝没有丝毫为个人考虑的意思。赵武啼泣顿首劝阻，终不济事，程婴还是自杀了。

听过这个故事的人，无不为程婴的“义气”所感动。其实在他这个惊天地泣鬼神的义举背后，更散发着人性良善的光辉。试想一下，如果程婴不是一个善良的人，就不会念朋友之谊，想要抚养赵朔的孩子；如果程婴不是一个善良的人，在使用调包计的时候，完全可以找别人的孩子当替死鬼。但是善良的他没有这么做，在他的心里，除了责任，就只剩下了对朋友的义。

俗话说得好，人生的价值不在于你从社会中索取了多少，而更重要的是你为社会奉献了什么、贡献了多少。

万事莫贵于义。自古以来，“义举”的故事不枚胜举。谱写成了一部壮丽的诗篇，他们的精神永垂不朽。总之，我们应该从墨子利天下的精神中受到鼓舞，以更加饱满的热情为大众、为社会作出更大的贡献，奉献自我，在为他人谋利的过程中实现自己真正的人生价值。

大度能容，襟怀宽广

【原典】

墨子曰：“天地不昭昭，大水不潦潦，大火不燎燎，王德不尧尧者，乃千人之长也。其直如矢，其平如砥，不足以覆万物。是故溪狭者速涸，逝浅者速竭，墝者其地不育。”

【古句新解】

墨子说：“大地正是因为它的包容，美丑皆收，才显得它的博大；大海正是因为它的广纳百川，才显得它的宽广；大火正是因为它的草木皆容，才显示出它的熊熊火光，只有贵贱皆亲，才能做将领。像箭一样直，像磨刀石一样平，那就不能覆盖万物了。所以狭隘的溪流干得快，平浅的川泽枯得早，硗薄的土地不长五谷。”

自我品评

墨子的话语很深刻，指出做人要有大海一样的气魄，能容人，能宽容别人。屠格涅夫说过：“不会宽容别人的人，不配受到别人宽容。”

宽以待人，就是在人际交往中有较强的包容度。人们往往把宽广的胸怀比作大海，能广纳百川之细流，也不惧暴雨和冰雹；也有人把忍耐性比作弹簧，能屈能伸。谁若想在困难时得到援助，就应在平时待人以宽。这就是说，包容接纳、团结更多的人，在顺利的时候共奋斗，在困难的时候共患难，进而增加成功的力量，创造更多的成功的机会。反之，斤斤计较，则会使人疏远，减少合作力量，人为地增加阻力。

古希腊神话中有一位大英雄叫海格里斯。一天，他走在坎坷不平的山路上，发现脚边有个袋子似的东西很碍脚，海格里斯踩了那东西一脚，谁知那东西不但没有被踩破，反而膨胀起来，并且在加倍地扩大着。海格里斯恼羞成怒，抄起一根碗口粗的木棒砸它，那东西竟然长大到把路堵死了。

正在这时，山中走出一位圣人，对海格里斯说："朋友，快别动它，忘了它，离它远去吧！它叫仇恨袋，你不犯它，它便小如当初，你侵犯它，它就会膨胀起来，挡住你的路，与你敌对到底！"

是的，我们在茫茫人世间，难免与别人产生误会、磨擦。如果不注意，在我们轻动仇恨之时，仇恨袋便会悄悄成长，最终会导致堵塞了人与人之间的交往之路。所以我们一定要记着淡化仇恨，那样我们就会少一分烦恼，多一分机遇。宽容别人也就是宽容自己，宽容别人就是兼爱。

赵惠文王时，蔺相如为赵国丞相，廉颇为赵国将军。

廉颇对蔺相如很不服气，心想：他蔺相如仅凭一张嘴，官职竟比我还高。而我廉颇戎马一生，攻城拔寨，英勇无敌，战功赫赫。他凭什么做相国呢？我一定要找机会羞辱他一番。

廉颇要羞辱蔺相如的话传了出去，并且传到了蔺相如耳中。蔺相如不但没有生气，反而处处躲着廉颇，有时上朝也称病不去，以免和廉颇见面。

廉颇得知此事后，很是得意洋洋。

一次，蔺相如带门客出去，看见廉颇的车过来，忙命驾车之人把自己的车退回来。蔺相如的门客实在忍无可忍，便对蔺相如说："我们舍身相陪相国，不图名利，只因相国为人忠厚、贤能，可如今相国如此胆小怕事，见到廉颇就躲起来，这种做法连百姓都感到耻辱，何况您一位堂堂的相国呢！我等不才，请求离开!"

蔺相如赶紧摆手，对门客说：“你们说廉将军与秦王比，谁厉害?”

门客说：“当然是秦王厉害了!”

蔺相如说：“天下诸侯都怕秦王，而我却敢当面指责他，和他分庭抗礼。我连秦王都不怕，能怕廉将军吗？我之所以这样做，是因为我知道秦国不敢侵犯赵国，是因为有廉将军和我二人同在。若两虎相斗，必有一伤，秦国必然会乘机攻打我们，我之所以忍让廉将军，是为了赵国啊!”

门客们这才恍然大悟，更加敬佩蔺相如了。

后来这些话传到了廉颇耳里，廉颇想：蔺相如这般深明大义，为了国家安危，不和我斤斤计较。而我却三番五次要找机会羞辱他，只贪图一时快慰，不顾赵国江山社稷。我和蔺相如相比，真是天壤之别啊!

一天，蔺相如正在房中读书，一门客匆匆跑来，说道：“廉将军来了!”

蔺相如不知廉颇有何事，便起身相迎。

到了外边，蔺相如愣住了。只见廉颇上身赤裸着，背上绑一根荆条，见到蔺相如倒身便拜，说道：“我廉颇心胸狭隘，不知相国待人如此宽宏大量。自愧不如，今日特来负荆请罪，请相国处置。”

蔺相如赶忙用手相扶，说道：“廉将军，快快请起，快快请起。”

从此，廉颇与蔺相如成了刎颈之交。二人一文一武，将相并携，共同辅佐赵王治理天下。

古人云：“惟宽可以容人，惟厚可以载物。”是告诉我们，做人要学会包容。包容，就是要做到宽宏而有气度，不计较、不追究。包容是一种发自心灵深处的内在修养，是一种良好习惯的自然表露。

春秋时代中叶，秦国与晋国在中原地区相互争霸。数十年间，双雄干戈不断，互有胜负。

有一年，秦晋两国发生韩原之战，激战中秦穆公的战车被晋军击坏，秦穆公危在旦夕。就在生死存亡之际，秦军阵中冲出一小支队伍，向晋军直冲了过去。只见他们个个奋不顾身，争死冲锋，终于把晋军的包围网突破一个缺口，救出了秦穆公。其他秦军见机不可失，趁此如虹气势，乘胜追击，杀得晋军溃不成军，还将晋惠公给俘虏了。

这支队伍为何要冒死营救秦穆公呢？原来在开战之前，秦穆公有一匹很好的马逃脱，跑到岐山附近。当地居民不知道这匹马的来历，捕获之后，便将它煮食来吃。当时一起分享这匹好马的，一共有三百多人。负责马政的官吏追踪这匹好马下落，发现是被岐山的居民吃掉的。于是把吃过马肉的三百多人全都捉了起来，送到朝廷，交付有司治罪。秦穆公知道这件事后，便说："仁人君子，不可为了牲畜的事情，却杀害了人的性命。我曾经听说，吃了好马的肉，一定要饮酒，否则有伤身体。"便赦免他们偷吃马的罪责，命人将他们放回，并赏赐美酒。

这三百多人原以为会获罪受惩，没想到秦穆公竟不加追究，不但赦免了他们，还多加体恤，赐予美酒。众人无不喜出望外，感怀秦穆公恩德。当听说秦国要去攻打晋国的时候，便一同投身军旅，为国效命。后来在战场上，正遭逢秦穆公危急窘迫，生死一线的危机，三百多条好汉便奋勇冲击，死力救驾，以报其赦罪之德。结果，正是由于这三百多人的奋战，不但秦穆公捡回了一条命，秦军还大获全胜。

在生活中，我们有时会碰见一些苛刻之人，他们容不得别人一点过错、一点缺点，甚至只因为自己不喜欢就冷言冷语，恶意相加，结果搞得众叛亲离，在关键时刻，没有一个人肯伸出援手。这又何苦呢？古人云：水至清则无鱼，人至察则无徒。大度一点，用你博大的胸怀去包容别人，别人自然也就与你亲厚友善了。

包容是一种气度，是一种修养、一种境界，更是一种兼爱。面对他人的过错，耿耿于怀，睚眦必报，带来的是心灵的负累。真正的智者会选择一份包容，一份泰然。总之，我们应学会包容。对一般人也好，对亲人朋友也罢，每个人都应善待他人、包容他人，这样，人与人之间就会呈现出一派和谐美好的景象。

勿以善小而不为

【原典】

墨子曰："戒之！慎之！处人之家不戒不慎之，而有处人之国者乎？"

【古句新解】

墨子说："要警戒啊！要小心啊！处身于家中都不警戒不谨慎，那又怎么能处身于国中呢？"

自我品评

做事要谨慎小心，要从小事做起。墨子的上述名言旨在告诫世人在明晓大是大非的前提下应该具备从小事做起的精神，正所谓"一屋不扫，何以扫天下"、"勿以恶小而为之，勿以善小而不为"。轻视一件平凡的小事，就不会做出伟大的创举；轻视一滴水就不会汇成浩瀚的海洋。"勿以恶小而为之，勿以善小而不为"。这是三国时期刘备在白帝城临终时嘱咐儿子刘禅的话，意在教育刘禅不可轻视小事情，不要因为好事影响小就不去做，也不要因为坏事影响小就去做。

墨子说，如今有人身处家中犯了错，还尚有别家可以逃避。但是父亲告诫儿子，兄长告诫兄弟，说："小心、谨慎，身处家中不小心不谨慎，又怎么能处身于国中呢？"的确，勿以恶小而为之，一个人犯错误，也往往是从并不起眼的小事开始的。俗话说："小时偷针，长大了偷金。”“千里之堤，溃于蚁穴。”讲的就是这个道理。坏事虽小，但它能腐蚀一个人的灵魂，日积月累，就会从量变发展到质变，最后就会跌进犯罪的泥坑，成为可耻的罪人。

有些人平时不注意自己的道德修养，殊不知，轻视一件件平凡的好的小事，就不会做出伟大的事情；轻视一滴水，就不会有浩瀚的海洋；轻视一棵树，就不会有茂密的森林；轻视一砖一瓦，就不能盖好高楼大厦。

圣诞节前夕，17 岁的吉姆，一直忙着扮演帮圣诞老人与小朋友合照的一个小精灵，以便能凑足自己的学费。随着圣诞节的来临，吉姆的工作也日益繁重，然而，经理丽莎却总能在适当的时候，给他一个足以鼓舞士气的微笑，使他取得了最好的业绩。为了感谢经理丽莎，吉姆决定在圣诞夜送她一份礼物。

可是，当吉姆下班时已经六点钟了，几乎所有的商店都关门了。

在回家的路上，吉姆看见史脱姆百货公司还开着门，他以最快的速度冲了进去，并来到了礼品区。突然，他发现自己跟这里格格不人，因为这个店是有钱人光顾的地方，其他顾客都穿得很漂亮，又有钱，在这个店里，吉姆怎么能指望会有价钱低于 16 元的东西呢?

就在这时，一位女店员向吉姆走过来，亲切地询问他是否需要帮助，周围的人也都转过头来看他。于是，吉姆尽可能地低声说：“谢谢，不用了，你去帮别人吧!”女店员看着他，笑了笑，说道：“我就是想帮你。”吉姆只好告诉她他想买东西给谁，以及为什么买给她。最后，还羞怯地承认自己只有 16 元钱。

而那位女店员呢，她思考了一会儿，便开始动手帮吉姆选礼物。然而，百货公司的礼物，也已经所剩无几了，仔细地挑着，很快就摆成了一个礼物篮，一共花了 15 元。当一切完成后，商店就要关门，灯已经熄了。当时，吉姆站在那里迟疑了一会儿，想问怎么能包装得更漂亮点，女店员似乎猜到了吉姆在想什么，便问他：“需要包装吗？”

“是的。”吉姆回答道。此时，店门已经关了，一个声音正在询问是否还有顾客在店里，但女店员没有丝毫的犹豫，便走进了后场，过一会儿，她回来了，带着一个用金色缎带包裹得非常精美的篮子。吉姆简直不敢相信自己的眼睛，当他向女店员道谢时，女店员笑着说：“这是我应该做的!”

“圣诞快乐!”当吉姆把礼物送到丽莎的面前时，丽莎竟激动得哭了。当然，他更感到开心！然而，整个假期，吉姆的脑海中，却不断浮现出那个女店员微笑的面容，一想到她的善良以及带给自己和丽莎的快乐，吉姆总想为她做点什么，能做什么呢？吉姆唯一能做的，就是给百货公司写一封感谢信。

吉姆觉得这件事就这么过去了，但一个月后，突然接到雪莉，也就是那个女店员的电话，请他吃顿午餐。当碰面时，雪莉给了吉姆一个拥抱，一份礼物，还讲了一个故事。原来，因为这封信，雪莉成了史脱姆百货的服务之星，当宣布雪莉得奖时，雪莉很兴奋，也很迷惑。直到她上台领奖，经理朗读了吉姆的信时，她才恍然大悟，每个人都报以一阵热烈的掌声。

雪莉的照片被放在大厅，而且，还得到一枚14K金的别针与100元的奖金，然而更棒的是，当她把这个好消息告诉父亲时，父亲定定地看着她说：“雪莉，我实在为你骄傲。”雪莉激动地握着吉姆的手，说：“你知道吗？我长这么大，父亲从来没对我说过这样的话，我实在是太开心了!”

一个小小的善意的举动却谱写成了如此美好的故事。

然而，一个人做一件好事并不难，难的是做一辈子的好事。如果一个人坚持做好事而不做坏事，那么，他必然会得到社会的尊重，人们的赞扬。

一句善语、一次让座、一个微笑，都是对公众利益的贡献。小小的善举，举手之劳，并不需要我们付出很多，却能换来谅解、和睦、友谊，为社会做点事，为他人做点事，为自己做点事，美好的生活在大家的点点滴滴中创造，在持之以恒中延伸。

请留意你的行动，因为行动能变成习惯，请留意你的习惯，因为习惯能成为性格，请留意你的性格，因为性格能决定你的命运。小与大是相对的，但善与恶却是绝对的，再小的善也是善，再小的恶也是恶。

勿以善小而不为，勿以恶小而为之。如果你的一句话、一次伸手，能帮助更多的人，那么请你不要吝啬你的善意举动。

百善孝为先

【原典】

墨子曰：“孝，利亲也。以亲为芬，而能能利亲，不必得。”

【古句新解】

墨子说：“孝，以亲人为重，尽其所能做有利于亲人的事情，却不一定乞求从亲人那里得到什么。”

自我品评

鸦有反哺之恩，羊有跪乳之德。兽犹如此，人何以堪？中国自古就是礼仪之邦，孝在礼仪中固不可少。古人对孝非常重视，百姓以孝治家，君主则以孝治天下。地方大臣举荐人才时也以孝悌作为衡量人才的标准之一，不孝在封建社会也是一项很重的罪名，如果父母以不孝而把子孙告上公堂，那么，这些子孙轻则会受到皮肉之苦，重则被斩首示众。

早在西周时期，“孝”曾是殷周宗法观念的突出体现，是周礼的一个核心观念。侯外庐先生就指出：有孝有德是周代道德的纲领。孝的观念和殷周宗法社会结构紧密联系，往往成为维护家庭本位的基本环节，故传统中国历来有“孝治天下”的说法。

忠君报国的“忠”和孝以治家的“孝”，只是范围大小的不同，在本质上是一样的。但是作为家庭亲情伦理核心的孝道，要不要贯彻功利主义的价值原则，能不能具有功利观念的内容，却有诸多不同的看法。对此，墨家和儒家便有不同的理解。

后期墨家确立“孝，利亲也”的命题，肯定孝道除亲情伦理外，不能只讲道义，也要有功利的考虑，给双亲以利益和实惠。

如墨子在提倡“兼相爱、交相利”时，就已主张要和孝悌之道相适应，认为行兼爱者“为人父必慈，为人子必孝”。但后期墨家则以“孝，利亲也”的命题，又把作为亲情伦理和政治伦理的孝道发展成一种功利价值观念。在这里，我们就要有所批判地继承了。

《孝经》认为：孝是“天之经也，地之义也，民之行也”，其将孝看作是天地间最要紧的事。

在我国源远流长的历史长河中，无数古圣先贤以仁德流芳百世。在上古时代，有三位非常著名的帝王：尧、舜、禹，他们均因德行至大而受四方举荐登上帝位，其中，舜因至孝感动天地，被尧帝选中为继承人，他的故事也被列为历代孝行故事之首。

尧年老时，想要退休，不再担任天下之王，便询问手下负责四方事务的官员：“我年老了，无法再继续担负天下的责任，你们推选出一个人来接替我吧。”官员们异口同声推荐舜，尧说我也听说民间有这样一个人，你们再把他的主要事迹说一下吧，官员们便对尧说了舜的事。

舜的父亲是个盲人，性情古怪偏执。舜的母亲早死，后母既讨厌他，又怕他和自己的儿子象分家产。因此，舜的后母和弟弟象千方百计想害死舜。一次，两人把舜住的房子放火点燃，想烧死他，可是大火过后，舜却安然无恙地走了出来。他的后母和弟弟既感到不可思议又感到恐惧，便怂恿舜的父亲下手。舜的父亲在二人的百般劝说下也同意了，把儿子推入一口深深的井里，然后挖土埋上。

正当舜的后母和弟弟欢庆除去了眼中钉时，舜却又完好无损地出现在他们面前，原来那口井有一条隐蔽的通道通向地面。

舜的后母和弟弟害怕了，认为这是上天在保佑舜，不敢再起害他的念头，舜的父亲也羞愧难当，舜却像根本没有这些事一样，始终如一地对父亲尽孝道，对后母如对亲生母亲一样，对待弟弟也极尽疼爱。最终，舜的德行感化了顽固的父亲、偏心狠毒的后母和狂傲暴躁的弟弟，从此他们一家人相亲相爱，其乐融融。

尧听说舜的事后，虽然满意，但还是有些不放心，就把自己两个女儿嫁给舜，考察他在处理夫妻关系上的能力如何。三年后，舜证明自己在处理夫妻关系上，和处理父子、兄弟关系一样无可挑剔，尧这才放心地立舜为自己的接班人，把帝位禅让给舜。

就如晚清重臣曾国藩所说，孝顺和友爱做到了会立即得到回报。上面舜的故事就是个很好的例子。

著名医药学家孙思邈用毕生精力研究医药学，所著《千金要方》记载了 800 多种药物和 3000 余个药方，史称“药王”。这位药王学医的最初动机是为了给父母治病。

孙思邈出生于陕西耀县的一个贫苦家庭，父亲是一名木匠。在他七岁时，父亲得了雀目病 (即夜盲症)，母亲患了粗脖子病。有一次，父亲在锯木时，看到他在一边发呆，便问他：“孩儿，你长大了也要做木匠吗?”孙思邈回答说：“不，我要做一名医生，好给父母亲治病。”父亲见他一片孝心，心里十分感动。

孙思邈十二岁时，父亲开始送他去学医，几年之后，孙思邈便回到家乡给乡亲们治病。有一次，他治好了一位病人的痼疾，病人到家里来答谢，得知孙思邈的父母也身患痼疾，这位病人对孙思邈说：“我听说太白山麓有一位叫陈元的老医生能治你母亲的病。”孙思邈听了非常高兴，第二天就前往太白山。从家乡到秦岭太白山有 400 里路程，孙思邈走了半个月才打听到陈元医生，并拜他为师。陈元见他一番孝诚之心就收他为徒。

不久，精心学习钻研的孙思邈便找到了方法。他立即回家给父母亲治病。很快，他父母亲的雀目病和粗脖子病就痊愈了。

谁言寸草心，报得三春晖。孙思邈恪守孝道，并以此来决定自己的人生道路，他毫不犹豫地准备用自己的一生来践行他心目中的孝道。最终，他至真至诚的孝心，使他轻松地实现了自己的愿望。

孙思邈的故事让人感动，也给人教益。一个人立身处世，最重要的一点，就是要理解父母养育自己的似海恩情。在儿女成长中，长辈们的辛劳与期待，实可感天动地。而儿女对父母的孝敬，不仅是爱，更是一种义不容辞的责任。

父母是一个人的源头和根基，他们的恩德比天还大，子女要常思孝道。孝顺是最基本的伦理要求。不孝顺父母无异于舍本逐末，截源断流。孟郊诗云：“谁言寸草心，报得三春晖。”要知道，世界上只有不伟大的子女，而没有不伟大的父母。我们应牢记父母的养育之恩和无私的爱，用我们的一生来回报他们。而且，对父母孝顺、懂得对父母忍让的人，才能得到他人的尊重。

古往今来圣贤无不谨守孝道，他们的言行为我们做出了很好的榜样。从家庭的角度而言，孝道主要表现为孝敬父母、爱护家产和恪守家风；推广到社会，遵循“孝道”则应尊敬长辈、守护家园和讲究文明。百善孝为先。如果一个人连父母都不爱，连给予他生命的人都不爱，那还指望他去爱谁呢？

爱人不要带有功利性

【原典】

墨子曰：“爱人非为誉也，其类在逆旅。”

【古句新解】

墨子说：“爱人并非为了名誉，正像旅店一样，是为了利人。”

自我品评

一个人要求名求利，立功立德，首先必须要从不求名利做起，不能自恃有德。假如处处表现自己的有德，唯恐失去自己的“善”名，那实际上就已失去了“德”名。

墨子认为，有爱心是一种自然而然的生活观，它不是一种具有什么具体形状的实质，人有爱心并不是为了获取别人的感激、帮助或者别的什么东西，虽然这些在你付出爱心后会随之而来，有些人以金钱来衡量爱心，但金钱并不是万能之物，真正的爱心是发于真诚，救人于危难之中。

做善事是应该的，不要刻意去做好事追求名声，也就是不为名声而故意去做好事，这样才能安心，心平则气和。为了做好人而做好事，为了求得人家的表扬，为了让人家叫我们好人而做善事，那就不算善事了。比如，有很多人捐款救助别人而不留下姓名，不企求任何回报，这就是“上德不德”。

汉朝的大将军韩信小时候是个市井流浪儿，当不了官，做不了买卖，常贴着人家吃白食，人们都厌烦这个“嘴上抹石灰”的青年。有一回他在城外河边钓鱼，很多老妈妈在那里漂洗衣服，有一个老妈妈看见韩信没饭吃，就把自己的午饭分给他一些。就这样，韩信跟着那位好心的老妈妈吃了数十天饭，韩信非常感激，说以后一定重重报答她。老妈妈生气地说：“男子汉大丈夫不能自己挣饭吃，我可怜你才给你饭吃，哪里希望你回报啊!”

这位老婆婆不是刻意为善，而是出于慈母之爱心，真是上德、上善!

你不要为了因果报应而故意求善，那样往往是无果而终。比如，常常碰到信奉宗教的一些朋友，他们觉得自己做了好多善事，磕了好多头，拜了好多佛，念了好多经，为什么还会遭遇不幸呢？这种心理就是为了一定目的，或者为了自己的私利去行善，其结果往往让人失望。

与孙武齐名的吴起最善用兵。他足智多谋，士卒也愿为其卖命，故能百战百胜。《史记·孙子吴起列传》上记载：吴起作为一个将领，他的饮食与衣着，全都跟士卒中最下级的相同。他晚上睡觉的地方，不加铺盖，行军的时候，不骑马乘车，亲自背粮食，一切都跟士卒同甘共苦。士卒中有皮肤生肿烂病的，吴起亲自为他吸出脓汁。这个士兵的母亲听了这个消息，不禁失声痛哭起来。旁人不解地问：“你的儿子，只是一个兵卒，而贵为上将的吴起亲自为他吸出溃疮的脓汁，你为何反而哭起来了呢?”那名士兵的母亲解释说：“这个你们就有所不知了，往年吴公也曾为我孩子的父亲吸过脓疮，孩子的父亲为报答他的恩德，在战场上格外卖力杀敌，结果就战死在沙场上了。而今，吴公又为我的儿子吸吮脓疮，我不知道这孩子又会为他卖命战死在哪里了。想到这点，所以我禁不住要哭出来了。”

吴起对士卒好，还亲自为士卒吮吸疮疽的脓血，并非真心行好，而是为了让士卒感恩图报，战场上为他卖命，这便是“下德”。

不要刻意行善，更不要为名或利行善；大错莫犯，小错要慎，最好别犯。小的迷惑，使人迷失东西南北，大的迷惑叫人失去天然性情。真正的聪明是安于自然常态，不可画蛇添足。顺着自然规律去做，就可以养护精神，保护自己不受伤害，善始善终，得以安享天年。

楼上的一间卧室里，住着一个老人和一个失去双亲的小男孩，爷孙两人相依为命。一天夜里，房子起火了，爷爷在抢救孙子时被火烧死了。大火迅速蔓延，一楼已是一片火海。

邻居已呼叫过火警，无可奈何地站在外面观望，火焰已经封住了所有的进出口。小男孩出现在楼上的一扇窗口，哭叫着救命，人群中传布着消息说：消防队员正在扑救另一场火灾，要晚几分钟以后才能赶来。

突然，一个男人扛着梯子出现了，只见他将梯子架到墙上，奋不顾身地钻进火海之中。他再次出现时，手里抱着小男孩。把孩子交给了下面迎接的人群，男人消失在夜色之中。

调查发现，这孩子在世上已经没有亲人了，几周后，镇政府召开群众集会，商议谁来收养这孩子。

一位教师愿意收养这孩子，说她能保证孩子受到良好的教育。一个农夫也想收养这孩子，他说孩子在农场会生活得更加健康惬意。

其他人也纷纷发言，述说把孩子交给他们抚养的种种好处。

最后，本镇最富有的居民站起来说话了："你们提到的所有好处，我都能给他。并且能给他金钱和金钱能够买到的一切东西。"

从始至终，小男孩一直沉默不语，眼睛望着地板。"还有人要发言吗?"会议主持人问道。一个男人从大厅的后面走上前来。他步履缓慢，似乎在忍受着痛苦。

他径直来到小男孩的面前，朝他张开了双臂，人群一片哗然。他的手上和胳膊上布满了可怕的伤疤。

孩子叫出声来："这就是救我的那个人!"他一下子蹦起来，双手死命地抱住了男人的脖子，就像他遭难的那天夜里一样。他把脸埋进男人的怀里，抽泣着哭了一会儿。然后，他抬起头，朝男人笑了。

“现在休会。”会议主持人宣布道……

在我们的生活中处处充满了爱的阳光，将你感受到的爱讲给大家听，在人们的心上也增添了一份爱。比如：亲情之爱、慷慨之爱、社会之爱、诚挚之爱……

爱是一种付出，有付出自然有回报，这种回报可以有形可以无形，但是我们需要谨记回报不是爱的目的，我们也不能抱着这个目的去爱或者不爱。

当然在现今社会去奢求每个人都抱着这种爱的态度可能是困难的，所以我们在生活中做人一定要保持自己的爱心，不要为世俗利欲所熏染，要知道爱永远比任何东西都更珍贵。盯着回报的行善，不纯洁。做善事是应该的，抛开功利心，自然而然地去做善事，这样心灵才能得到升华。没有功利心的行善是最好的行善。

学会爱你的敌人

【原典】

墨子曰："大人之爱小人也，薄于小人之爱大人也；其利小人也，厚于小人之利大人也。"

【古句新解】

墨子说："君子爱小人，胜过小人爱君子；君子施利给小人，胜过小人施利给君子。"

自我品评

墨子的兼爱是一种无差等的爱，即使是你的敌人，也要学会去爱他。《圣经》中说："只是我告诉你们：'要爱你们的仇敌，为那逼迫你们的人祷告'。"耶稣被钉在十字架上时，还在为把他钉在十字架上的人祷告。这是怎样一种爱！但在生活中，我们最爱我们身边喜欢的人，不容易去爱敌人。

在这个竞争越来越激烈的社会里，我们总要面对这样或那样的对手，只有虚怀若谷的人，善于理解和容忍别人的缺点，才能广结善缘，共同创造美好的明天。不可否认，心胸宽阔是一种心态，一种不苛求、不极端、不任性的健康心理，它需要我们去学习、去体会、去感悟，更需要我们拿出一点勇气与智慧，在短暂的生命里程中去想、去做、去生活！

乔治·华盛顿便是用一颗宽宏大量的心，逐步坐上了美国总统的宝座。

在美国独立以前，弗吉尼亚殖民地议会选举，都是在亚历山大里亚举行的，而作为当地驻军长官的乔治·华盛顿，自然也参加了选举的活动。

当选举步步筛选到最后时，在候选人名单上，只剩下两个人相互竞争了，由于地利人和的因素，大多数人都支持华盛顿推荐的那名候选人，只有一名叫威廉·宾的人坚决反对。在大家的激烈推荐之下，威廉·宾与华盛顿也发生了激烈的争吵，争吵之中，华盛顿因一时失言，说了一句冒犯对方的话，这使得本来脾气暴躁的威廉·宾怒不可遏，一拳便将华盛顿打倒在地。

华盛顿的朋友们一看这阵势，立刻都围了上来，纷纷高声叫喊着要揍威廉·宾。而在另一边，当驻守在亚历山大里亚的华盛顿部下，听说自己的司令官被殴打时，便马上带着枪冲了过来，一时间，气氛十分紧张。在这种情况下，只要华盛顿一声令下，威廉·宾就会被打成肉泥。然而，当时的华盛顿却十分冷静，他只说了一句："这不关你们的事。"

就这样，在华盛顿的容忍之下，事态才没有被扩大。

第二天一早，心有余悸的威廉·宾，便收到了华盛顿派人送来的一张便条，便条上要他立即到当地的一家小酒店去。这时，威廉·宾马上意识到，这一定是华盛顿为了昨天的事，而约自己去决斗，自己这一去势必会有危险，但是，如果不去那岂不是太没面子了。

思来想去以后，富有骑士精神的威廉·宾还是决定要去，还毫不畏惧地拿了一把手枪，只身前往。

一路上，威廉·宾都在想如何对付华盛顿，然而，当他到达那家小酒店以后，自己看见的一切却大出意料：他只看见华盛顿一张真诚的笑脸，还有一桌丰盛的酒菜。这简直让威廉·宾不敢相信自己的眼睛。正当威廉·宾发愣之时，耳边已经响起了华盛顿的声音。"威廉·宾先生，”华盛顿热诚地说，“犯错误乃是人之常情，纠正错误则是件光荣的事，我相信，昨天的确是我不对，不过，你在某种程度上，也已经得到满足了，如果你认为我们到此可以和解的话，请现在握住我的手，让我们交个朋友吧!”

听完华盛顿的这些话，威廉·宾已经感动得几乎要落泪了，回过神后的他，连忙将自己的手伸给了华盛顿，并一脸歉意地说道：“华盛顿先生，也请你原谅我昨天的鲁莽与无礼!”

从那以后，威廉·宾便成为了华盛顿坚定的拥护者!

人都是血肉之躯，必然会有着喜、怒、哀、乐等情绪，当某事或某人侵犯了自己的尊严，以及使自己受到损失之时，怨恨是难以避免的。然而，生活的智者，则有一种能包容万物的胸襟，不但能容人，还能容言、容事。古往今来，每一位快乐的传播者，都拥有博大的胸怀与襟怀坦荡的度量。要做到容忍仇人，最重要的就是要拥有一颗爱心!

《生活》杂志上曾载报复会毁了人的健康。它是这样说的：“高血压患者最主要的个性特征是容易仇恨，长期的愤恨造成慢性心脏疾病，导致高血压的形成。”如今你该领悟耶稣所谓“爱你的敌人”不只是道德上的训诫，宣扬的也是一种养生之道了。当耶稣说：“原谅他们一次”，他无疑是在告诉我们如何避免高血压、心脏病、胃溃疡以及过敏性疾病。

人非圣贤，要去爱我们的敌人也许真的有点强人所难；但出于自身的健康与幸福，学习宽恕敌人，甚至忘了所有的仇恨，也可以算是一种明智之举。有句名言说：“无论被虐待也好，被抢掠也好，只要忘掉就行了。”在我们对我们的仇人心怀仇恨时，就等于给了他们致胜的力量，给他机会控制我们的睡眠、胃口、血压、健康，甚至我们的心情。如果我们的仇人知道他带给我们这么多的烦恼，他一定要高兴得手舞足蹈！憎恨伤不了对方一根毫毛，却把自己的日子弄得像地狱一般。

仇恨会让我们面对山珍海味也没有丝毫胃口。《圣经》上是这么说的："怀着爱心吃青菜要比带着愤怒吃海鲜强得多。"

如果我们的仇人知道因对他的仇恨而消耗我们的精力，使我们精疲力竭、社会关系僵化，搞得我们心脏发病、未老先衰，难道他不会拍手称快吗？

就算我们没办法爱我们的敌人，起码也应该更多地爱惜自己。我们应该爱自己不要让敌人控制我们的心情、左右我们的健康以及外表。

"爱你的敌人，宽恕那些诅咒你的人，善待那些仇恨你的人，并为伤害你的人祝福。"耶稣的这段圣言，会赐给无数人内心的平安。

生活中我们难免还会遇到一些与自己作对的人，他们心胸狭窄，鼠肚鸡肠，爱嫉妒，对别人获得成就或荣誉感到紧张不安，怒火中烧，不是寻衅滋事，就是背后说风凉话，或者公开地指责别人。对于这样的人，我们不必去批判他，而应当深入地了解他为什么产生敌意，控制自己的情绪，先让自己冷静，这样才能解决问题。

要学会宽容，学会爱你的敌人，不要事事都往心里去。如果跟那些恶意的人一般见识，我们的心也被玷污了。不能因为一点蝇头大的事就横眉立目，更不能因此就彼此不近、不睦。

然而，原谅那些曾经伤害过自己的人，并不是一件容易的事，但只要我们这样去做了，便能从中体验到宽容的快乐。尽管生活中不顺心的事十有八九，只要我们学会爱我们的敌人，便拥有了快乐的一生，这难道不是人生的一大幸事吗？

勿害人，但要防人

【原典】

墨子曰："谮慝之言，无入之耳；批扞之声，无出之口；杀伤人之孩，无存之心。"

【古句新解】

墨子说："那些谗言恶语，不要去听；攻击、诋毁别人的言论，也不要去说；伤害人的念头，也不要存留在心中。"

自我品评

墨子是告诉我们做人要堂堂正正、光明磊落，要有一颗善良的心。对于谗言恶语，不要予以理睬，不要太在意、为其所左右，更不要浪费时间纠缠于此，因为"身正不怕影子斜"，谗言恶语可能流传一时，但不能流传一世，它终究会不攻自破。同时，做人也不要笑里藏刀、口蜜腹剑，背后指责谩骂别人以此抬高自己，而要心底宽厚，不可有害人之心。尤其是在竞争激烈的当今，这一条做人的原则极为重要。凡事要坚持公平竞争的原则，有什么问题应该摆在桌面上协商解决，切不可背后造谣中伤、指手画脚。当然，自己也要保持理性的心态，不能为恶言所困。

虽然伤害人的念头不能存于己心，但防人之心却不可没有。世上之人，形形色色，世界之大，无奇不有。在你的周围，有好人也有坏人，有君子也有小人。俗话说："害人之心不可有，防人之心不可无。"在人际交往中，多长几个心眼没坏处。

唐德宗时杨炎与卢杞一度同任宰相，杨炎善于理财，文才也好，至于卢杞，除了巧言善辩，别无所长，但他忌贤妒能，使坏主意害人却是拿手好戏；两个人在外表上也有很大不同，杨炎是个美髯公，仪表堂堂，卢杞脸上却有大片蓝色痣斑，相貌奇丑，形容猥琐。两人同处一朝，杨炎有点看不起卢杞。按当时制度，宰相们一同在政事堂办公，一同吃饭，杨炎不愿与他同桌而食，经常找个借口在别处单独吃饭，有人趁机对卢杞挑拨说："杨大人看不起你，不愿跟你在一起吃饭。"卢杞自然怀恨在心，便先找杨炎下属官员过错，并上奏皇帝。杨炎因而愤愤不平，说道："我的手下人有什么过错，自有我来处理，如果我不处理，可以一起商量，他为什么瞒过我暗中向皇帝打小报告!"两个人的隔阂越来越深，常常是你提出一条什么建议，我偏偏反对；你要推荐一些人，我就推荐另一些人，总是对着干。

当时有一个藩镇割据势力梁崇义发动叛乱，德宗皇帝命令另一名藩镇李希烈去讨伐，杨炎不同意，说："李希烈这个人，杀害了对他十分信任的养父而夺其职位，为人凶狠无情，他没有功劳却傲视朝廷，不守法度，若是在平定梁崇义时立了功，以后更不可控制了。"

德宗已经下定了决心，对杨炎说："这件事你就不要管了!"杨炎一再表示反对，这使对他早就不满的皇帝更加生气。不巧赶上天下大雨，李希烈一直没有出兵，卢杞看到这是扳倒杨炎的好时机，便对德宗皇帝说："李希烈之所以拖延不肯出兵，正是因为听说杨炎反对他的缘故，陛下何必为了保全杨炎的面子而影响平定叛军的大事呢？不如暂时免去杨炎宰相的职位，让李希烈放心，等到叛军平定以后，再重新起用，也没有什么大关系!"这番话看上去完全是为朝廷考虑，也没有一句伤害杨炎的话，卢杞排挤人的手段就是这么高明。德宗皇帝果然信以为真，于是免去了杨炎宰相的职务。

从此卢杞独掌大权，杨炎可就在他的掌握之中了，他自然不会让杨炎东山再起的，便找茬整治杨炎。杨炎在长安曲江池边为祖先建了座祠庙，卢杞便诬奏说："那块地方有帝王之气，早在玄宗时代，宰相萧嵩在那里建过家庙，玄宗皇帝不同意，令他迁走；现在杨炎又在那里建家庙，必定是怀有篡逆的野心！"

早就想除掉杨炎的德宗皇帝便以卢杞这番话为借口，将杨炎贬至崖州，随即将他杀死。

杨炎身中小人之暗算，最终命丧黄泉，着实让人叹息。他倒在了卢杞为他挖好的陷阱下面，没能逃出小人所伸出的魔爪，也有他不善于与小人斗争有关。

战国时，魏王向楚怀王赠送了一名美女。这名美女生得眉清目秀，可与西施媲美。楚怀王自然对她十分倾心，并取名为珍珠，捧在手上怕掉了，含在口中怕化了。二人整天形影不离。

楚怀王原本有名爱妾，名叫郑袖。珍珠未来之前怀王整日与她在一起，如今来了个珍珠，怀王对她渐渐疏远了。郑袖对怀王的移情别恋十分恼火，同时对珍珠嫉妒得几乎发狂。然而郑袖没有大吵大闹，她知道那样对自己不利，弄不好会送了小命。表面上郑袖对珍珠百般疼爱，视之如自己的亲妹妹，稍有空闲就坐在一起聊天，以此向怀王表示，她对珍珠丝毫不嫉妒。

有一天，郑袖偷偷地对珍珠说："大王对你很满意，也十分宠爱你，不过对你的鼻子他好像有点看不惯，大王曾在我面前说了几次，所以以后你在大王面前，一定要将自己的鼻子捂住。"珍珠压根不知道，郑袖设的圈套自己已慢慢地钻了进去。从此，她在怀王面前，总是一只手捂住鼻子，并做出难受状。怀王莫名其妙，便来询问郑袖。开始郑袖故意装出一副迟疑的样子，欲言又止。"别害怕，有什么就说出来嘛!"怀王说道。"珍珠……珍珠在我面前说大王有体臭，并说特难闻，所以她就捂住自己的鼻子。"

楚怀王脾气十分暴躁，听完郑袖的话，一气之下，将珍珠处以割鼻的劓刑。郑袖又回到了怀王的怀抱。珍珠空负美女之名，却不懂得保护自己，最终的下场实在可悲。

郑袖害了人，还让受害者对她心存感激。这种人最大的特点是口蜜腹剑，两面三刀，计划周密，演技高超。因此，要识破这种人很不容易。

第五章　若繁为攻伐，此实天下之巨害也

——墨子原来这样说天下非攻

春秋战国时代，诸侯割据、战争频繁、烽烟四起。墨子虽然处在这样的时代，可是他却向往和平，极力反对战争。但是他并不是不加区别地一概否定，而是对战争的性质进行了具体分析，是有所分别和取舍的。他把战争分为两种类型，即“诛无道”和“攻无罪”。因此，对于战争问题，他既不赞成国家间的攻伐掠夺，也不盲从“春秋无义战”的主张，而是结合历史与现实的事例，对战争的性质进行了精辟分析，对正义的战争给予支持，对不义的战争进行谴责和坚决反对，进而主张积极防御，战胜不义之战。

诛无道，乃天下之利

【原典】

墨子曰："子未察吾言之类，未明其故者也。彼非所谓攻，谓诛也。"

【古句新解】

墨子说："你们没有仔细审察我所说的究竟是哪一类战争，没有弄明白其中的缘故。那不能叫做'攻'，而应该叫做'诛'。"

自我品评

诛讨，是抵制攻伐最直接的方式。攻伐即邪恶，诛讨即正义。尽管在形式上相仿，都是诉诸武力，但性质上截然不同。攻伐是颠倒黑白，强词夺理；诛讨是伸张正义，救民于水火。诛讨虽也要付出代价，但换来的是和平，铲除的是战争的根源。

墨子对战争的分析是有着明显的是非观、价值观和善恶观的，以是否能"兴天下之利除天下之害"为标准，他将战争分为"攻无罪"(非正义) 和"诛无道" (正义) 两种类型。在战争问题上，他既不赞成国家间的攻伐掠夺，也不盲从"春秋无义战"的主张，而是结合历史与现实的事例，对战争的性质进行了精辟分析，对正义的战争给予支持，对不正义的战争进行谴责和坚决反对，进而主张积极防御，战胜不义之战。

对于战争的性质，墨子在中国历史上第一次将其划分为“诛”与“攻”，认为诛讨暴君的战争是顺从天意民心的正义战争，是利天下、利大众、利弱小的，因此应该支持。而攻伐无罪之国的战争则是以强凌弱、以大欺小、祸害天下、涂炭生灵的非正义战争，因此应该坚决反对。显然，墨子的“非攻”不是不加分析地反对一切战争，而是有所选择和取舍的。我们深信，在今天，那些富有同情心和正义感的人们，也会像墨子那样，既崇尚和平，又反对欺凌弱小国家的不正义战争的。

汤为商部落首领。夏朝末年，商部落逐渐强大，眼见夏桀暴虐，失去民心，汤决心灭夏。桀担心汤势力壮大而威胁自己，便将汤召入夏都，囚禁在夏台。商族又送桀以重金，并贿赂桀的亲信，使汤获释归商。

汤以仁厚收揽人心，争取人民的支持，有一次，他外出游玩，看见一人在树上挂起一张网，然后喃喃自语说：“不论天上来的，还是地面来的，凡是从四面八方来的鸟，都飞进网里来。”汤对他说：“你太过分了吧，怎么可以这样网尽杀绝呢！你撤掉三面，留下一面的网就可以了。”农民依言照办。汤祝告道：“鸟儿啊，你们愿意往左的就往左，愿意往右的就往右，只有不听我话的鸟儿，才飞进网里来。”

商汤“网开三面”的故事在诸侯中很快就传扬开了。诸侯闻之，曰：“汤德至矣，及禽兽。”（《史记·殷本纪》）诸侯们听说以后，都齐声称颂说：“汤是极其仁德的人，对禽兽都是仁慈的。”大家都认为汤是有德之君，可以信赖，归附商的诸侯很快地就增加到四十个。商汤的势力也愈来愈大。

汤历数夏桀的暴虐无道，号召夏的附属小国背弃桀，归附商。对不听他劝告者，就先后出兵攻灭。如葛、韦、顾等夏朝属国，以剪除桀的羽翼。商汤越战越强，十一征而无敌于天下。夏桀陷于孤立的境地。汤还迁都于亳，以此为前进的据点，准备最后攻灭夏朝。

汤还采纳伊尹的建议，停止朝贡夏朝以试夏桀的实力。桀命令九夷族发兵征讨商，这说明桀还能调动九夷族的兵力，汤和伊尹就马上请罪，恢复向夏桀的进贡。

一年后，九夷族忍受不了桀的残暴统治，纷纷叛离，使桀的力量大为减弱，汤和伊尹见时机成熟，就由汤召集部众，出兵伐夏，在鸣条（今河南封丘东）一举攻灭了夏桀，建立了中国历史上第二个奴隶制王朝——商朝，定都亳。

汤建立商朝后，减轻征赋，鼓励生产，安抚民心，使商的势力扩展至黄河上游，成为又一个强大的奴隶制王朝。

商汤的所作所为向我们诠释了一个道理：诛无道，乃天下之利。

“嗨，棉毛衫，每件4元!”一汉子的高声吆喝，吸引一位女顾客从其摊位上挑了一件。她付了款，转身欲走，那汉子急忙拦住曰：“哎，还差6元。”女顾客大惑不解：“每件4元，我只要了一件，不是已经付给你4元了吗?”那汉子狡黠地一笑：“哪里哟，我喊的是‘每件10元’。”女顾客愤然道：“我明明听的是‘4元’，现在你又说‘10元’，这不是存心欺骗吗?”那汉子眼睛凶狠地一瞪，大吼道：“谁欺骗你了?我喊的就是10元!”女顾客有些惶恐，瑟瑟地说：“10元?那我不要了，退钱给我吧。”

那汉子更了不得，气势汹汹地指着女顾客：“你要耍我?今天我还没开张，你就要触我的霉头?休想！说要就得要！快点，再补6元来!”那神情，似乎要把女顾客一口吞下。

女顾客难以脱身，不料她不急不忙反倒哈哈大笑起来：“你吓唬谁呀?你自己看看！这种棉毛衫，能值10元吗?给你4元，都已经抬举你了。”

“我要的是10元，你为啥给4元?”

“我听见你喊的就是4元。从目前的行市来说，顶多，也就这个价。”

“我喊的就是10元，你自己听错了，你怪谁。”

“‘4’和‘10’，在声音上是有明显区别的。如果要存心敲诈顾客，故意混淆它们在发音上的某些近似，即使占点便宜也只能得逞一时，最终吃亏的，还是你自己。”

“谁敲诈了？我吃亏不吃亏，关你啥事？”

“哎哟，你做生意难道不是为了赚钱？要赚钱，最起码的一点，就得讲信誉。硬要把‘4’说成是‘10’，这不是敲诈是什么？不顾信誉。你生意还做得下去吗？今天我就是给了你10元，你还能敲诈得了第二个吗？”“我……我喊的，是10……10……元。”

“现在，不管你喊的是‘4元’，还是‘10元’，市场的买卖双方，都是依质论价的。像这种棉毛衫，如果你喊10元，我绝不会买，可以说，任何人都不会买。这一点，你是比我更明白的。”

“真……的，我喊的是……10元，你又没还价，就表明你同意我喊的价了？”

“好，就算你喊的是10元。我付4元给你，就表明我认为它只值这个价，这难道不是一种具体的、实实在在的还价吗？还用得着多说话吗？要是你觉得不合算，你可以不卖；同样，你硬要10元，我也可以不买。这是市场交易的起码原则。强买、强卖，都是违法的。你想去工商所的话，我陪你！”

“好好好，便宜你了，算我倒霉……”

女顾客依理制伏无赖是因为她瞅准了，大凡无赖怕什么：一怕理，二怕法。不难看出，开始时，由于那汉子的无赖，使她处于困境之中。但她坚信自己并没有听错，对手是在敲诈，很快就调整好自己的战术：只有坚定不移地揭露他，击中他的要害，并以法律为自己撑腰，才能扭转颓势，战而胜之。

不得已的情况下，通过战争的手段或许可以达到更崇高的目的，这不但不违背正义，且合乎正义。如此说来，我们要支持正义的战争，反对非正义的战争。照墨子的理论推寻，一场为天下除害的战争，也就是正义的伸张。正义的战争，为了更多人得到和平！

维护和平，拒绝战争

【原典】

墨子曰：“以攻战亡者不可胜数。”

【古句新解】

墨子说：“由于攻伐征战而亡国的，多得数不清。”

自我品评

墨子再一次指出了战争的危害。在《非攻》篇中，墨子用大量的篇幅写战争给国家与人民带来严重危害。谁都讨厌战争，然而这世界上仍有战争。

墨子还进一步指出，大国发动战争无非就是为了名与利，是“不正”的思想驱使的结果。因此，任何一个国家都应该树立起正义之感，维护和平，反对战争，因为这是利人利己的事情。墨子反战尚和的思想主张，迄今仍然符合世界“和平”与“发展”的时代主旋律。

自人类出现以来，战争就一直没有停止过。战争和文明始终交错，既对人类文明的发展和进步起着催化和促进作用，又时刻威胁着人类自身的生存。战争伴随社会的革命，带来新的格局。古代各个部落之间的战争，促进了民族的融合和国家的形成，也是民族大迁徙的直接原因；国家内部不同民族之间的战争，促成民族的独立和新生国家的诞生；国家内部政治集团之间的战争，促成政权的更迭。

在人类历史长河中，战争始终蔓延不断，并构成人类历史的一个独特的篇章。据统计，从地球上出现文明以来的5000多年中，人类先后发生了15000多次战争，有几十亿人在战争中丧生，在这5000多年中，人类仅有500年是生活在和平环境中。也就是说，每100年中，人类最少有90年是生活在战争状态中。20世纪90年代以来，全世界发生100多场战争，有90多个国家卷入其中……

从古至今，战争的类型主要可分为以下五种：

第一代战争的典型——恺撒两征不列颠。其特点是使用刀、箭、矛等冷兵器和笨重盔甲近距离格斗。

第二代战争的典型——拿破仑战争。其特点是进入火器时代，火药、滑膛式武器投入战争。

第三代战争的典型——二次世界大战。其特点是坦克、飞机、战舰和现代化运输工具全部使用。

第四代战争的典型——美国向日本广岛投下原子弹，其特点是毁灭性的后果。

第五代战争的典型——次时代战争，由各国开发高科技武器的高科技战争（或者电子战），也有僵持不断的武装冲突。

由此看来，战争所用的武器是越来越先进，但是带来的后果却是一次比一次严重。战争的危害主要有以下几点：

1.战争对人类生命造成极大的摧残和伤害。

正义战争是为人民利益而战的，对社会的发展起着巨大的推动作用，是历史发展的火车头。与此相反，非正义战争包括：争霸战争、反革命战争、殖民战争、帝国主义战争、侵略战争等等，是为维护剥削阶级的利益和反动阶级的政治服务的，违背了人民的根本利益和社会的发展方向，是把人民推向灾难的战争。如日本发动的侵华战争，从“九一八事变”到日本投降，在长达14年的时间里，给中国人民造成了巨大的灾难，中国军民伤亡总数3500万人以上，中国官方财产损失和战争消耗1000多亿美元，间接经济损失5000亿美元。拥护正义战争，反对非正义战争，这是我们对待战争的根本态度。整个第二次世界大战，总计人员死亡约 1 亿 3 百万人，其中平民死亡约 7589 万人。

2.战争造成巨大的财产损失，严重影响经济发展。

战争是残酷的，战争的代价是惨痛的。争取和维护世界和平仍需要人民的共同努力。

其实，我们维护和平，拒绝战争的同时，不得不深思一个问题，为什么大国会攻打小国呢？是因为落后就要挨打。归根结底还是由于综合国力不够强。悟透了战争与和平的关系，墨子得以发现兼爱人生的道理。墨子提出："食者国之宝也，兵者国之爪牙也，城者所以自守也，此三者国之具也。"意思是说，粮食是国家的宝贵财富，兵器是国家的爪牙，城池是国家用来自我防守的屏障，这三者是维持国家存在的工具。墨子在这里进一步指出国家存在的三个条件：粮食（物质财富）、兵器和城池。这对我们今人也具有极为重要的启发意义。所以，我们国家要想在竞争激烈的国际环境中生存和发展、占有一席之地，就应该大力发展生产力、创造社会财富的同时加强国防建设，以防患于未然。我们中华民族是爱好和平的民族，因此，我们发展生产、加强国防建设只是为了自卫，即保护自己国家的和平发展，而绝不是像西方媒体的"中国威胁论"所渲染的那样，是为了称霸和侵略。

下面我们来看一看《联合国宪章》的宗旨："我联合国人民同兹决心：欲免后世再遭今代人类两度身历惨不堪言之战祸，重申基本人权，人格尊严与价值，以及男女与大小各国平等权利之信念，创造适当环境，维持正义，尊重由条约与国际法及其他渊源而起之义务，久而弗懈，促成大自由中之社会进步及较善之民生，并为达此目的：力行容恕，彼此以善邻之道，和睦相处，集中力量，以维持国际和平及安全；接受原则，确立方法，以保证非为公共利益，不得使用武力；运用国际机构，以促成全球人民经济及社会之进展。"这是联合国宪章，它和两千多年前墨子所提出来的"非攻"思想是不谋而合。

和平与发展仍是时代的总主题，国际形势正发生极其深刻的变化。经济全球化在曲折中发展，世界政治多极化不可阻挡，文化多元化方兴未艾，现代科学技术突飞猛进，综合国力的竞争日趋激烈。世界的基本格局依然是总体稳定、局部动荡。各国之间的竞争与较量从冷战时期的以军事为主转向以包括经济、政治、文化在内的综合国力为主，社会制度的优越性归根结底应该体现在强大的综合国力上。

墨子是一个大爱者。墨子见社会到处是以大欺小，以强凌弱，到处是侵略他人的战火，老百姓流离失所、苦不堪言，于是，他举起了反侵略战争和兼爱非攻两面大旗。经受战争洗礼的友爱是至真至纯的，经受战争考验的人最懂得友爱的价值。墨子深刻地懂得战争，故他深刻地懂得友爱。两千多年前墨子已经有了如此的远见，那么今天，维护和平，拒绝战争仍然是我们必须要做的。

无争才会无祸

【原典】

墨子曰：“大国之攻小国也，是交相贼也，过必反于国。”

【古句新解】

墨子说：“大国进攻小国，是相互残害，其结果必然祸及本国。”

自我品评

人一生下来就有欲望，有了欲望不能满足，就要去争取、追求，追求过分了而没有一定的限度和界限，势必就要发生争执。只要发生了争斗就会造成混乱，混乱就会造成穷困。人们之所以产生纷争，是由于欲望过于强烈，过于看重财利和地位。其实这些都是身外之物，争到与争不到又有多大的关系？得到了不一定是福，失去了未必是祸，要用辩证的思想去对待名利和地位。无休止地争夺，是引起纠纷和祸害的根源。

墨子“非攻”的主题就是反对大国对小国的侵略，谴责大欺小、强凌弱的暴行。为了制止这种非正义的战争，墨子站在大国的角度上，从两个方面论述了侵略他人、灾祸必将反及于己的道理。首先，大国攻打小国，不仅耗尽了本国的资财，民众也因不停的征战而疲惫不堪，怨言四起，这样就将失掉民心，虽然兼并了大批土地，也不能保有。其次，不停地攻伐他国来扩张自己的势力，必将引起天下诸侯的恐惧与愤恨。“唇亡齿寒”的道理是人所共知的，所以天下诸侯一定会群起而攻之，这样国破身亡的结局就自然不可避免了。

可惜，在名与利的诱惑下，有的人为了名和利铤而走险，最终身败名裂，有的人是为了名和利什么事情都敢做。要知道，在日常的生活和经营过程中，利益是创造出来的，是以诚实劳动作为基础的，不是靠争夺而来。争来争去，双方失和，谁也不见得能够获得更多和更大的利益，何必争呢?

战国时，齐国有三个大力士，一个叫公孙捷，一个叫田开疆，一个叫古治子，号称“齐国三杰”。他们勇猛异常，仗着齐景公的宠爱，为所欲为。当时，齐国的田氏势力越来越大，他联合国内几家大贵族，打败了掌握实权的栾氏和高氏，威望越来越高，直接威胁着国君的统治。田开疆正属于田氏一族，齐相晏子很担心“三杰”为田氏效力，危害国家，想把他们除掉，又怕国君不听，反倒坏了事。于是心里暗暗拿定了主意：用计谋除掉他们。

一天，鲁昭公来齐国访问。齐景公设宴招待他们。鲁国是叔孙大夫执行礼仪，齐国是晏子执行礼仪。君臣四人坐在堂上，“三杰”佩剑立于堂下，态度十分傲慢。正当两位国君喝得半醉的时候，晏子说：“园中的金桃已经熟了，摘几个来请二位国君尝尝鲜吧!”齐景公传令派人去摘。晏子说：“金桃很难得，我应当亲自去摘。”不一会儿，晏子领着园吏，端着玉盘献上6个桃子。景公问：“就结这几个吗?”晏子说：“还有几个，没太熟，只摘了这6个。”说完就恭恭敬敬地献给鲁昭公、齐景公每个人一个金桃。鲁昭公边吃边夸金桃味道甘美，齐景公说：“这金桃不易得到，叔孙大夫天下闻名，应该吃一个。”叔孙大夫说：“我哪里赶得上晏相国呢!这个桃应当请相国吃。”齐景公说：“既然叔孙大夫推让相国，就请你们二位每人吃一个金桃吧!”两位大臣谢过景公。晏子说：“盘中还剩下两个金桃，请君王传令各位臣子，让他们都说一说自己的功劳，谁功劳大，就赏给谁吃。”齐景公说：“这样很好。”便传下令去。

话音未落，公孙捷走了过来，得意洋洋地说：“我曾跟着主公上山打猎，忽然一只吊睛大虎向主公扑来，我用尽全力将老虎打死，救了主公性命，如此大功，还不该吃个桃吗？”晏子说：“冒死救主，功比泰山，应该吃一个桃。”公孙捷接过桃子就走。

突然，古治子喊道：“打死一只虎有什么稀奇！我护送主公过黄河的时候，有一只鼋咬住了主公的马腿，一下子就把马拖到急流中去了。我跳到河里把鼋杀死，救了主公，像这样大的功劳，该不该吃个桃？”

景公说：“那时候黄河波涛汹涌，要不是将军除鼋斩怪，我的命就保不住了。这是盖世奇功，理应吃个桃。”晏子急忙送给古治子一个金桃。

田开疆眼看金桃分完了，急得跳起来大喊：“我曾奉命讨伐徐国，杀了他们的主将，抓了500多俘虏，吓得徐国国君称臣纳贡，邻近几个小国也纷纷归附咱们齐国，这样的大功，难道就不能吃个桃子吗？”晏子忙说：“田将军的功劳比公孙将军和古治将军大10倍，可是金桃已经分完，请喝一杯酒吧！等树上的金桃熟了，先请您吃。”齐景公也说：“你的功劳最大，可惜说晚了。”田开疆手按剑把，气呼呼地说：“杀鼋打虎有什么了不起！我跋涉千里，出生入死，反而吃不到桃，在两国君主面前受到这样的羞辱，我还有什么脸活着呢？”说着竟挥剑自刎了。公孙捷大吃一惊，拔出剑来说：“我的功小而吃桃子，真没脸活了。”说完也自杀了。古治子沉不住气说：“我们三人是兄弟之交，他们都死了，我怎能一个人活着？”说完也拔剑自刎了。人们要阻止已经来不及了。

鲁昭公看到这个场面无限惋惜地说：“我听说三位将军都有万夫不当之勇，可惜为了一个桃子都死了。”

为了一个桃子竟然连丢三命，这便是纷争的结果。老子《道德经》中说：“只要不与别人相争，天下就没有人能与你争。”纷争有害而无益，因此我们必须远离纷争。

人生就是一个名利场，时时处处充斥着各种诱惑。但又不只是一个名利场，每个人都应该想到在世上留下些什么，而不是他自己得到了什么。做人不应“享一时之寂寞，取万古之凄凉”，追名逐利时，奉劝诸君少些贪欲，多些知足，莫为名利遮望眼。

客观地说，求名并非坏事。一个人有名誉感就有了进取的动力；有名誉感的人同时也有羞耻感，不想玷污自己的名声。但是，什么事都不能过分追求，若过分追求，又不能立时获取，求名心太切，有时就容易生邪念，走歪门。结果名誉没求来，反倒遗臭万年。君子求善名，走善道，行善事。小人求虚名，弃君子之道，做小人勾当。古今中外，为求虚名不择手段，最终身败名裂的例子很多，确实发人深思；有的人已小有名气，还想名声大振，于是邪念膨胀，连原有的名气也遭人怀疑，何其可悲。

人因欲望而争夺，争来争去，什么也不会争到手，争来的只能是气、是恨、是仇。无争才能无祸。才不会出现墨子所说的“大国之攻小国也，是交相贼也，过必反于国”。

除恶扬善，莫助狼为患

【原典】

墨子曰："今天下无大小国，皆天之邑也。"

【古句新解】

墨子说："现在的天下，并无大小国之分，都是天子的城邦。"

自我品评

墨子提倡"兼爱"、"非攻"。墨子认为当今天下没有什么大小国的区分，都是天子的城邑。这反映出墨子的民主思想，它是墨子"非攻"思想的基础。虽然"非攻"是墨子的主要思想，但"非攻"并不是不攻，一味地守弱、防御。墨子认为大国攻小国、强国攻弱国的战争是非正义的战争，对此强烈反对。另一方面墨子赞同民众讨伐暴虐害民之专制君主的战争。墨子对"攻"与"非攻"作了非常明确的阐述。在生活中我们也经常会碰到一些恶人小人。对待恶人小人，我们一定要"攻"，而不是"兼爱"。

常言道：子系中山狼，得志便猖狂。恶人一旦得志将会祸患无穷。为了根除后患，最好在他尚未得势时便讨之诛之，绝不手软。一位伟人曾经这样说过：对敌人心慈手软就等于对人民犯罪。

晋国大夫赵简子率领众随从到中山去打猎，途中遇见一只像人一样直立的狼狂叫着挡住了去路。赵简子立即拉弓搭箭，只听得弦响狼嚎，一箭射穿了狼的前腿。那狼中箭不死、落荒而逃。赵简子非常恼怒，他驾起猎车穷追不舍，车马扬起的尘土遮天蔽日。

这时候，东郭先生正站在驮着一大袋书简的毛驴旁边向四处张望。原来，他前往中山国求官，走到这里迷了路。正当他面对岔路犹豫不决的时候，突然蹿出了一只狼。那狼哀怜地对他说："现在我遇难了，请赶快把我藏进你的那条口袋吧！如果我能够活命，今后一定会报答您。"

东郭先生看着赵简子的人马卷起的尘烟越来越近，惶恐地说："我隐藏世卿追杀的狼，岂不是要触怒权贵？然而墨家兼爱的宗旨不容我见死不救，那么你就往口袋里躲吧！"说着他便拿出书简，腾空口袋，往袋中装狼。他既怕狼的脚爪踩着狼颔下的垂肉，又怕狼的身子压住了狼的尾巴，装来装去三次都没有成功。危急之下，狼蜷曲起身躯，把头低弯到尾巴上，恳求东郭先生先绑好四只脚再装。这一次很顺利，东郭先生把装狼的袋子扛到驴背上以后就退避到路旁去了。不一会儿，赵简子来到东郭先生跟前，但是没有从他那里打听到狼的去向，因此愤怒地斩断了车辕，并威胁说："谁敢知情不报，下场就跟这车辕一样"！东郭先生匍匐在地上说："虽说我是个蠢人，但还认得狼。人常说岔道多了连驯服的羊也会走失，而这山中的岔道把我都搞迷了路，更何况一只不驯的狼呢？"赵简子听了这话，调转车头就走了。

当人喊马嘶的声音远去之后，狼在口袋里说："多谢先生救了我，请放我出来，受我一拜吧！"可是狼一出袋子却改口说："刚才亏你救我，使我大难不死。现在我饿得要死，你为什么不把身躯送给我吃，将我救到底呢？"说着它就张牙舞爪地向东郭先生扑去。东郭先生慌忙躲闪，围着毛驴兜圈子与狼周旋起来。

太阳快下山的时候，东郭先生怕天黑遇到狼群，于是对狼说："我们还是按民间的规矩办吧！如果有三位老人说你应该吃我，我就让你吃。"狼高兴地答应了。但路上没有行人，于是狼逼他去问杏树。老杏树说："种树人只费一颗杏核种我，二十年来他一家人吃我的果实、卖我的果实，享够了财利。尽管我贡献很大，到老了，却要被他卖到木匠铺换钱。你对狼恩德不重，它为什么不能吃你呢？”

狼正要扑向东郭先生，这时正好又看见了一头母牛，于是又逼东郭先生去问牛。那牛说：“当初我被老农用一把刀换回。他用我拉车帮套、犁田耕地，养活了全家人。现在我老了，他却想杀我，从我的皮肉筋骨中获利。你对狼恩德不重，它为什么不能吃你呢？”狼听了又嚣张起来。

就在这时来了一位拄着藜杖的老人。东郭先生急忙请老人主持公道。老人听了事情的经过，叹息地用藜杖敲着狼说：“你不是知道虎狼也讲父子之情吗？为什么还背叛对你有恩德的人呢？”狼狡辩道：“他用绳子捆绑我的手脚，用诗书压住我的身躯，分明是想把我闷死在不透气的口袋里，我为什么不吃掉这种人呢？”老人说：“你们各说各有理，我难以裁决。俗话说‘眼见为实’。如果你能让东郭先生再把你往口袋里装一次，我就可以依据他谋害你的事实为你作证，这样你岂不有了吃他的充分理由？”狼高兴地听从了老人的劝说，然而却没有想到，在束手就缚、落入袋中之后，等待它的是老人的藜杖和东郭先生的利剑。

东郭先生把“兼爱”施于恶狼身上，因而险遭厄运。这一寓言告诉我们，即使在人与人的关系中，也存在“东郭先生”式的问题。一个人应该真心实意地爱他人，但丝毫不应该怜惜狼一样的恶人。

其实“小人”是没有明显标志的，少正卯在鲁定公面前还说孔子的好话，赞同他的主张。所以，如果想在短时间内辨别“小人”是不容易的，但随着时间的推移，“小人”终究会露出蛛丝马迹的。“恶人”和“小人”的表现大多有以下几个特点：

第一，喜欢造谣生事。

他们把造谣生事当成家常便饭一样，乐此不疲。为了达到自己的目的，不惜诽谤别人，诋毁别人的名誉。

第二，喜欢挑拨离间。

他们为了达到谋取个人利益的目的，通常会使用离间法挑拨同事之间的感情，好从中坐收渔利。

第三，擅长拍马奉承。

这种人嘴甜如蜜，善于恭维别人，拍马屁，巴结上司，打小报告，无中生有说别人的坏话，容易得到上司的宠爱。

第四，具有势力眼。

他们对有权有势的人殷勤备至，善于见风使舵，一旦有一天他们发现自己所依附的靠山失去势力陷入困境，他们就会落井下石，迅速抛弃对方，另寻高枝。

虽然我们推崇墨子的“兼爱”，但是对于像东郭先生这样的情况，还是要三思而后行。面对小人和恶人，我们绝对不能手下留情，一定要用“狠”力，给对方一点颜色看看，千万助狼为患。因为恶人的世界观、人生观和君子是有所不同的。对狼一样的恶人，千万不要奢望心与心之间可以沟通，更不要心慈手软。

第六章 节俭则昌，淫佚则亡

——墨子原来这样说节用节葬

“节用”、“节葬”共同构成了墨子经济思想的主要内容。墨子在“节用”里主要阐述了人们尤其是统治阶级应该在衣、食、住、行等各个方面都要注意节俭，不可过度消费或奢侈浪费，发展生产要以是否利于民众、是否有益于社会为原则。

墨子的“节葬”主张，也可以说是从其“兼爱”思想出发而引申出来的。墨子认为为了兼爱，世人必须在有生之年节用，同时，为了兼爱，世人也必须在死后节葬。总之，厚葬久丧是国之大害，必须谴责和停止这些活动，而提倡节葬，实行短丧。

简单生活，逍遥自在

【原典】

墨子曰："其为衣裘何以为？冬以围寒，夏以围暑。凡为衣裳之道，冬加温、夏加清者，芋诸不加者，去之。"

【古句新解】

墨子说："他们制作衣服是为了什么呢？为了冬天可以御寒，夏天可以防暑。缝制衣服要坚持的原则是，冬天能增加温度，夏天能增加凉爽，就增益它，不能达到的，就省去。"

自我品评

节俭的人，过着简单朴素的生活，于人无求，于己无愧，不为物欲所羁绊，就可以把整个身心投入到所追求的事业中去。很难想象，一个穷奢极欲、挥金如土的人会有崇高的理想和艰苦创业的精神。

有位作家这样说："让你的生命之舟，只承载你所需要的东西，例如，你只要一个朴素的家和一种单纯的喜悦；一个或两个值得交的朋友；一些你爱的人或是爱你的人；一只狗、一支笛子；刚好足够的食物和衣服；还有稍微多一点的水分，因为口渴是件危险的事。"这些外在的东西满足生活需要就可以了，重要的是将心境拓宽，让心灵恬淡起来，让心智活跃起来，这样活着，你会光彩照人的。其实，生活，就这么简单。

一种被称为“简单生活”的生活方式现在正风行一些欧美国家，同时被中国一些大城市的高级白领有选择地接受。从形式和现象上看，欧美“简单族”的简单似乎包含以下指标：不看电视、不上网、不过夜生活，不在人际关系和衣着上花费过多时间，不大规模购物以造成不必要的经济压力，甚至不驾车等等。总之，做自己想做的事，比如跑到没人的山野，除了吃饭睡觉享受自然风光，什么也不做。这当然是一种复杂之后的简约、华贵之后的淡雅。

究竟什么是简单生活呢？“简单生活”的倡导者、被誉为“21 世纪新生活的导师”的珍妮特·吕尔斯认为，简单生活并不意味着清苦与贫困，“它是人们深思熟虑后选择的生活，是一种表现真实自我的生活，是一种丰富、健康、平凡、和谐、悠闲的生活，是一种让自然沐浴身心、在静与动之间寻求平衡的生活，是一种无私、无畏、超凡脱俗的崇高生活。”

简单生活的最主要特征是“悠闲”。在现实生活中我们被太多的物欲驱使着——豪华的房子、尽可能多的金钱、漂亮的女人、体面的男人、出人头地的子女……随波逐流的追逐使我们精疲力竭，太多的追求使我们失去了心灵的自由。我们没有时间问自己这一切是为了什么，我们真的需要这些吗？

某种舒适的享受是必要的。我们需要有生存所不可缺少的衣、食、住、行，我们需要有酬或无酬的工作。作为人，我们不能一无所有，我们需要一定程度的对美和美的事物的追求。但我们往往不知适可而止，我们显得饕餮不足，随之便陷入了债务、劳累和新出现的困境，使我们因此失去了生活的激情。

根据简单生活的原则，人们生活的最低标准是：满足生活的基本需求——住房、营养食品和衣服，做到自给自足并为之付出精力和时间，那么，在剩余时间里，所有该做的事就是使自己成为一个安谧悠闲的人，而不是把时间耗费在无谓的应酬和劳作中。

爱琳·庸姆丝是美国倡导简单生活的专家。作为一个投资人、一个作家和一个地产投资顾问，在这个领域努力奋斗了十几年后。有一天，她坐在自己的写字桌旁，呆呆地望着写满密密麻麻事宜的日程安排表。突然，她意识到自己对这张令人发疯的日程表再也无法忍受下去了，自己的生活已经变得太复杂了。用这么多乱七八糟的东西来塞满自己清醒的每一分钟简直就是一种疯狂愚蠢的尝试。

就在这一刻，她作出了决定：她要开始简单的生活。她开始列出一个清单，把需要从她的生活中删除的事情都列出来。然后，她采取一系列“大胆的”行动。首先，她取消了所有预约电话。其次，她停止了预订的杂志，并把堆积在桌子上的所有没有读过的杂志都清除掉。她注销了一些信用卡，以减少每个月收到的账单函件。通过改变日常生活和工作习惯，使得她的房间和草坪变得更加整洁。她的整个简化清单包括 80 多项内容。

成功的真理就是简单、简单、再简单。对那些思想者或有所创造的人来说，最重要的生活方式就是——尽量减少周围环境的干扰与制约，而保持内心的宁静与自由。活得简单，才能活得自由!

托玛斯·帕尔生于 1783 年，是英国历史上最有名的寿星之一。他 88 岁时第一次结婚，120 岁时第二次结婚，145 岁时还能跑步，给谷子脱粒，几乎能完成所有的体力劳动。他的传记作者对他的死感到非常遗憾，“如果按原来的方式生活下去，那么一切都将不一样。”传记作者写道，“他死亡的原因主要归于食物和空气状况的改变。他从空气清新的乡下到了那时空气已经相当污浊的伦敦。在长年累月吃粗茶淡饭的情况下，他被带进了一个生活奢华的家庭，人们鼓励他吃好的饭菜，喝大量美酒，误认为这样能改善他的健康状况，延长他的寿命。结果，他的身体自然机能严重超载，而且身体的本来习惯全被弄得紊乱了，所有这些造成的结果加速了他的死亡。假如没有发生上述改变，按照他自己的身体系统本来还能生活许多年。他死于 1936 年，享年 152 岁。”

其实，生活中有很多简单的事情都让我们复杂化了。过简单的生活，正是健康的秘诀之一。一个人如果时常追求复杂而奢侈的生活，则苦难没有尽头，不仅贪欲无度，烦恼缠身，而且日夜不宁，心无快乐。因为复杂，往往浪费了宝贵的时间；因为奢侈，极有可能断送美好的人生；因为简洁，才能找到生活的快乐。简单不仅是一种实在的生活，而且也是一种雅致的心境。生活简单并不排斥欲望，但是对物欲却不过分苛求。一生为得失忙忙碌碌的人，或整天在灯红酒绿中寻找麻醉的人，根本就不能享受到简单生活的真谛。

享受简单生活，感受生活乐趣，不失为一种健康的生活方式和状态。心情可以在简单生活中得到休养，体力可以在简单生活中得以恢复。生活简单的人，自在自我。只有在简单生活中，你才真正地拥有自己的生活和空间。生活简单，意味着生活必须有所舍弃。不能舍弃，也就没有简单可言。

追求简单生活是一个人真实活法的最核心内容。在世俗的社会里，只有你自己的生活简单了，你才会成为自己的主人。简化你的生活，增加自己的个性情趣，你会发现，原来在被挡住的风景那里，才有最适宜的人生。在充满物欲的现代世界里，让我们永远记住一个真理：简简单单，天高云淡；简单生活，逍遥自在。

开源节流，强国富民

【原典】

墨子曰："财不足则反之时，食不足则反之用。故先民以时生财，固本而用材，则财足。"

【古句新解】

墨子说："财用不足的时候，就要反思是否抓紧了农时进行生产，粮食不足的时候就要反思是否注意了节用。因此，古代的贤人按农时生产、积累财富，搞好农业基础，节省开支，财用自然就会充足。"

自我品评

墨子在这里阐明了他重要的经济思想，即如何搞好发展生产的主张。墨子提出，既要"节流"，更要"开源"，实施"双管齐下"的措施才能真正有效地增加社会财富。"节流"就是主张节约，反对统治者的浮华、堕落与奢侈的行为，因为他们的这种行为造成了百姓衣食和国家财富的浪费。"天育物有时，地生财有限。"节俭是长久国策，不是权宜之计。节俭，不仅仅是对人、财、物的节省或限制使用，而且还包含了如何使用才能更加合理、恰当和高效。地球上的资源在总量上是有限的，所以，无论是发达还是落后、富裕还是贫穷，都需要厉行节俭。"开源"就是从根本上创造社会财富的问题，即要"以时生财"，当财用不足的时候，就要遵循农时积极地发展生产。

古人云“王者以民为天，而民以食为天”（《汉书·郦食其传》），意思是说粮食是民众生存最为重要的东西，君王一定要以民为本，大力发展农桑。显然，粮食的生产和储备自古以来就是国家任务的重中之重，它是一个国家存在和发展的基础，譬如我们今天提倡的“建设社会主义新农村”战略、“三免一补”的农业政策以及“确保农业耕种土地面积”的方针，无一不体现了党和政府对“三农问题”的关注和重视。同时，我们提倡“以艰苦奋斗为荣、以骄奢淫逸为耻”，就是要建设一种节约型社会，避免劳民伤财、国家财富的无端流失和浪费。可以说，当代的这些治国理念，都可以在墨子那里见到端倪。

在我国古代历史上有许多著名的君主。他们在位期间，励精图治、知人善任、改革弊政、及时调整统治政策。他们顺应了历史潮流，促进了古代经济的发展，推动了古代社会的进步。汉高祖刘邦：实行休养生息政策，发展经济；和亲匈奴，改善民族关系。汉武帝：加强皇权，解决王国问题；兴修水利，发展农业生产；派张骞通使西域，发展同西域少数民族的关系。光武帝：提倡节俭，减轻赋税，释放奴婢，整顿吏治。唐太宗：吸取隋亡教训，调整统治政策；善于纳谏，知人善任；加强同少数民族的关系，实行对外开放政策。武则天：重视农业生产；重用人才；促进唐朝经济继续发展；设北庭都护府，巩固西北边疆。元世祖：实现统一；调整统治政策，重视农业发展；实行行省制度，使统一的多民族国家进一步发展；实行对外开放政策。明太祖：重视农业生产，注意减轻农民负担。清康熙帝：奖励垦荒，宣布原明藩王的土地归现耕种人所有；维护国家统一，平定叛乱；维护国家利益，抵御外族侵略。

荀子提出：“足国之道：节用裕民，而善臧其余。节用以礼，裕民以政。彼裕民，故多余。”意思是说，使国家富足之法：节约费用，让百姓富裕，把富余的粮食财物贮藏起来。遵循礼义要求以节约费用，制定政策来让百姓富裕，老百姓富裕后，粮食财物就会有节余。

裕民富国是儒家一以贯之的政治主张，是儒家社会理想的中心内容。荀子在总结发展前人思想的基础上，提出并论证了“裕民以政”的政治主张，这是对儒家裕民富国思想的继承和发展。荀子看到了人民富裕与政治经济政策的内在联系，强调必须营造宽松的经济环境，执行强硬的吏治措施，并通过制定和实施富民政策让百姓得到实惠，藏富于民，比如征收农业税要轻，关卡、集市免征赋税，控制商人的数量，尽量不要大兴土木劳民伤财，不要耽误农时，等等，都是荀子所设想的富民政策。荀子的这一主张客观上保护了广大民众的利益，体现了儒家的民本主义思想。

唐代诗人李商隐在一首诗中写道：“历览前贤家与国，成由勤俭败由奢。”的确，纵观历史，由奢侈亡国亡家的比比皆是。

“千古一帝”秦始皇，横扫六国，统一江山，天下财富皆归于己。如果按照老子的观点，他应当“功成名遂身退”了。然而，这位始皇帝却偏偏不满足，为了满足自己的奢欲，他在首都附近大兴土木，建造阿房宫、骊山墓，所耗民夫竟达 70 万人以上。据记载，阿房宫的前殿东西宽约 690 米，南北深约 115 米，殿门用磁石砌成，目的是防止来人带兵器行刺秦始皇。除此以外，秦始皇修建大量的宫殿和行宫，仅在咸阳周围就有 270 多座，在关外有 400 多座，在关内有 300 多座。

修建这样庞大的工程耗费大量的人力、物力、财力。据估算，当时服劳役的人数远远超过 200 万，占当时壮年男子人数的三分之一以上。

庞大的工程开支加上庞大的军费开支，造成了秦王朝“男子力耕，不足粮饷，女子纺织，不足衣服，竭天下之资财以奉其政”，民不聊生的悲惨局面，百姓们过着“衣牛马之衣，食犬口之食”的痛苦生活。最终，秦始皇的万世皇帝梦只维持了短短 15 年。

古老的中华民族，节俭理念深入人心，节俭之风代代相传。西汉贾谊有言："用之亡度，则物力必屈。"蜀汉三国诸葛亮说："静以修身，俭以养德。"明朝朱柏庐写道："一粥一饭，当思来之不易；半丝半缕，恒念物力维艰。"在百家争鸣的春秋战国时期，节俭更是墨家学说的核心内容。墨子有语："节俭则昌，淫佚则亡。"墨子主张统治者要"开源"与"节流"双管齐下，这样做的确是能强国富民。对于今天来说，也是有很深远的意义。

"开源节流"的主张，无论是对国对家都具有重要的意义。所以，我们一定要谨记圣贤的教诲。

保护生态，天人合一

【原典】

墨子曰："凡足以奉给民用则止。诸加费不加于民利者，圣王弗为。"

【古句新解】

墨子说："所有这些生产，能够供给民用就可以了。各种只增加费用而不能增加民众实际利益的事情，圣王绝对不去做。"

自我品评

我们只有一个地球，并且地球是最适合人类生存的。地球是我们的家园，是我们人类的母亲。是我们生命的摇篮，是我们赖以生存的家，我们每人都有责任来保护它。这是现代人的理解。然而，在古代，人们或许还不能这么深刻地理解，但人们根据常识已经懂得了很多关于保护环境和生态问题。这不得不说是一种进步。

古代环境保护的规定与法令往往以礼、律、禁令、诏令等形式出现。据文献记载，早在夏朝便有这样的规定："春三月，山林不登斧，以成草木之长；夏三月，川泽不入网罟，以成鱼鳖之长。"（《逸周书·大聚》）这就是著名的"禹禁"，被称为中国最早的生态环保法律。

其实，中国古代人对生态环保的重视，不仅表现在观念层面、法律层面，而且有其机构设置。历史上许多朝代都设立有虞、衡等"环保”机构，所谓山虞、泽虞、川衡、林衡等，其职责主要就是负责山泽林川的管理保护。

《史记·殷本纪》中记载了这样一个故事：夏朝时商国首领汤在野外看见有人一边四面张网一边祈祷：“天下四方的鸟啊，都到我的网里来吧!”汤说：“你是要把天下的鸟兽都网尽吗?”于是让那人撤下了三面的网。这就是成语“网开三面”的来历。

《国语·鲁语》也记载了一个类似的故事：鲁宣公夏天在泗水撒网捕鱼，大臣里革听说后跑过去撕破了他的鱼网，理由是：根据祖先规定的制度，每年夏天是鱼类生长季节，不能到河里捕鱼。这就是“里革断罟”的故事。

春耕夏耘不误农时，才能五谷丰登；鱼鳖虾蟹定期捕捞，才能水产丰饶；树木长养砍伐有时，才能山林茂盛。在中国古代，保护生态环境，反对“焚林而田，竭泽而渔”（《淮南子·本经训》），这不仅是一种思想意识，是人们自觉的行为，更是一项国策，还是一种法律规定。上面两个故事证实了这一点。

湖北云梦古墓出土的竹简中，有一份秦代的《田律》，内容包括：从春季二月开始，不准进山砍伐木材，不准堵塞林间水道：不到夏季，不准进山采樵、烧草木灰；不准捕捉幼兽幼鸟或掏鸟蛋；不准用药物毒杀鱼鳖，不准布陷阱设罗网猎取鸟兽；以上禁令到七月份方可解除。无疑，这已经是一部相当完整的生态环境保护法了。

另外，考古专家在敦煌悬泉署遗址发现了一篇十分珍贵的汉平帝元始五年颁布的《四时月令诏条》，50条诏令中关于生态保护的有16条。例如，空鸟巢秋季开禁，实鸟巢则整年都要禁止掏鸟蛋；2~12月禁取不足四寸长的鱼；2~4月禁焚山林，等等。这些规定体现了适时保护、用养结合的原则。以后历代也都有类似的规定，对耕种、打猎、捕鱼、伐木、孕育、放牧以及取火、烧炭都有明确的季节和月份限制，有效地指导了生产和生活。这些规定作为国家法律，具有强制性，是普遍遵守的。

天人合一的观念在传统社会根深蒂固，这种观念会转化为人们爱护自然、保护自然、善待自然万物的意识和行动。如孔子主张“钓而不网，弋不射宿”（《论语·述而》），其基本道理即在于不能把鱼和鸟捕光。孟子也说：“不违农时，谷不可胜食也；数罟不入夸池，鱼鳖不可胜食也；斧斤以时入山林，材木不可胜用也。”（《孟子·梁惠王上》）用现在的话说，就是不要滥采滥伐，坚持可持续发展的原则。不能只顾短期利益而破坏生态链的平衡，这是有识之士的共识：“群生以长，万物蓉殖……不涸泽而渔，不焚林而猎”（《文子》）。古人还把对生态保护的认识提升到防灾减灾的高度，如《汉书·贡禹传》中说：“斩伐林木亡有时禁，水旱之灾未必不由此也。”

当然，在保护生态方面，墨子也不落后。墨子对经济发展问题的看法有着自己的价值观和判断标准。在此，他关于“节用”的问题提出了两个基本原则，一是，物品的生产应以“足以奉给民用”为原则，即应只生产满足“民用”的物品；二是，消费应以是否对人民有利作为原则来加以考量，即对人民有利的花费才是合理的。

墨子提出的上述两个原则，对于我们当今社会的商品生产和经济发展都具有重要的借鉴意义。首先，墨子强调生产和消费都应有一个“限度”的问题，也就是说生产和消费都应适可而止，生产应以能够满足“民用”为限度，只要能满足“民用”就可以了，消费更应有节制和限度，既不应盲目地追求生产率，更不可过度地浪费资财。如果片面强调经济的高速发展乃至以牺牲生态环境为代价，或以一种“杀鸡取卵”、“竭泽而渔”的毫无限制的方式过度开采自然资源甚至浪费资财，只会造成灾难性的严重后果而贻害无穷，我们党和政府之所以提出“可持续发展”战略和“科学发展观”正是基于这样的考虑。

其次，就生产和消费的价值归宿问题而言，对墨子来讲，无论是生产还是消费，都应以是否符合人民的根本利益作为评判其合理性的标准，墨子的这一以“民用”、“民利”为本位的生产和消费观也是值得我们借鉴的，今天我们所谓的“以人为本”，说到底也就是应以民生、民用或民利为本。

近几年人们已经越来越意识到环境的重要性了，无论在电视、广播里，报纸上经常会见到关于环境保护的话题，也经常会见到由于环境破坏给人们带来的自然灾害，所以作为地球村的公民，我们有责任有义务从小事做起，从身边事做起，从节约一滴水开始，来保护我们的环境，保护我们的家园。

古人没有我们现代人想的这么长远。因为当时科学技术并不发达。但他们已经有了如此深刻的认识，非常难能可贵。古人尚且懂得保护生态，节约资源，何况我们生活在科技如此发达的今天呢？

生前尽孝，强于厚葬

【原典】

墨子曰：“亲贫则从事乎富之，人民寡则从事乎众之，众乱则从事乎治之。当其于此也，亦有力不足，财不赡，智不智，然后已矣。无敢舍余力，隐谋遗利，而不为亲为之者矣。”

【古句新解】

墨子说：“双亲贫困，就做些使他们富裕的事情；人口稀少，就做些使人口增多的事情；众人暴乱，就做些治理众人的事情。当他致力于这些事情时，也有因力量不够、财力不足、智力不及，然后作罢的。但是，绝不敢放弃余存的气力，隐藏自己的智慧，留下富余的财物，而不替双亲做事的。”

自我品评

墨子在这里主要谈论的是“孝敬”的问题，旨在为接下来提出其“节葬”的主张作铺垫。究竟何谓“孝”？不同的思想家有不同的看法。孔子认为，不仅仅是能养活父母，而且对父母能够做到礼敬孝顺，才能叫做“孝”。而墨子则强调所谓“孝”即是要尽力做有利于亲人的事，而且，也许你无力完全做到或做得不够尽善尽美，但你务必要一心一意、不遗余力，那才叫做“孝”。“孝”可以说是我国传统文化中的核心观念之一，“善事父母”是孝的基本含义，而且，在古代，孝不仅被看作是一种家庭美德，而且还被泛化为一种个体、政治、社会的基本道德规范，是人们立身、事君、处世应遵循的基本道德原则。

那么，对父母的孝是否就一定意味着要在父母离世后都要厚葬久丧呢？墨子在这里暂且还没有给出具体的回答，而是认为作为后辈的人只要做到不遗余力为双亲做事就可以了，据此而言，墨子事实上主张子女应量力而行，而大可不必为已去世的父母举办超出自己能力范围之外的厚葬久丧的活动。我们认为，墨子的这种“孝”的观念对我们也是富有教益的，他告诉我们当父母都健在的时候要竭尽全力为他们做事，做对他们有利的事，等他们去世之后，对他们的孝不一定非要通过厚葬久丧的形式来表现，更重要的在于你日常为父母做事是否能够尽心尽力。

儒家的厚葬主张被纳入礼制、孝道，并伴随着后世统治者对孝道的强化而走向了极端，以至于厚葬相习成风，权贵豪门极尽奢侈豪华，庶民百姓不惜倾家荡产，产生了很多负面效应。

而墨子则与儒家的观点完全相反。墨子在此明确阐述了他的“节葬”主张的两个方面的具体含义：一是反对厚葬，二是反对久丧。在他看来，厚葬久丧具有极大的危害性。首先，厚葬浪费钱财，多埋无用之财，把大量好端端的财物埋入地下，造成了对个人乃至社会国家资财的极大浪费。其次，久丧浪费时间，摧残活人的身体健康，进而影响到社会生产的发展。久丧让人身心疲惫，居丧期间人吃不好，睡不好，穿不好，心情悲痛，被折磨得体弱多病，同时他们也没有时间和精力去从事生产和工作。墨子对厚葬久丧的诸种弊端的揭示，可以说既是对当时社会现实、对费财伤民、奢侈浪费的厚葬久丧风气所作的一种客观描述，更是对这种社会现实和风气的一种严厉谴责。

据说有一位男子自称为尽孝心，借款 20 万元，带 88 岁的父亲和 91 岁的母亲以及亲属到北京游玩了 6 天。一行 6 人北京双飞 6 日游，以普通人旅游开销来计算，每人能花掉1万元就不错了，更何况他们来自经济贫穷的乡村，节俭观念比普通人更为强烈。尽管对20万元的举债与花销存在怀疑，甚至疑心这又是一则假新闻，但并不妨碍我们对“举债孝游”的支持——让闭塞的父母出去看看外面的世界，做儿女的应该趁早创造条件，哪怕是适当地负点债也是可以的。

双亲是地道的农民，一辈子都没出过远门。前年国庆长假期间，他专门赶回去，带他们到邻省的黄山旅游，丰富一下晚年生活，圆一回出远门的梦。儿孝女顺，孙辈绕膝，经济尚宽，开心的父母很乐意地随他上路了。在山下给父母买了登山杖，他背上必备的行囊出发了。

开始时，他陪着父母并肩而行，一路上赏叹不止，渐渐地，父母落在了他的后面，他走走停停地等着他们。到了山腰时，他的游兴正浓，父母却坐在一边气喘不停，不肯再往上攀登，让他一个人上去，父母就在山脚下等他……

面对父母这副情状，他感到心痛与内疚：出门看看精彩的外面世界，是每个人都有的“原生态”期望。过去父母因为贫困，为了儿女，把自己的旅游梦埋藏心底，在闭塞的乡村里履行着自己的责任。直到儿女们长大成人。而儿女们则把精力、财力用在了下一代身上，用在自己的事业上，用在换房添车等生活改善上，却独独冷落了二老双亲，记不得也想不到他们的出游梦。一岁一寸心，等到自己因渐老而想到敬老陪老，腾出时间、精力、财力为父母“孝游”时，父母已没有气力拖动那双老腿了——父母容易老，“孝游”要趁早。

有位哲人说：尊敬父母的孝行很容易做到，热爱父母的孝行却很困难。

当然了，孝敬父母的方式有各种各样，只要是儿女的一片心，父母都会很欣慰。他们太容易满足了。然而，现在社会上也不乏这样的人，父母健在时，总是因为生活奔波，没有机会孝敬父母，父母离他们而去了，后悔不已。还有一种人，根本不知道去感恩父母，感觉父母为他们做的一切都是应该的。等父母去世了，又是痛苦流涕，又是铺张浪费地为父母置办丧礼。在外人看来，好像真的是孝子。生前不好好孝敬父母，死后再孝敬有什么用呢?

一位作家说过：“世上有些东西可以弥补，有些东西永无弥补。‘孝’是稍纵即逝的眷恋，‘孝’是无法重现的幸福。‘孝’是一失足成千古恨的往事，‘孝’是生命与生命交接处的链条，一旦断裂，永无连接。赶快为你的父母尽一份孝心。”是的，希望我们每个人都要在父母健在的时候，好好孝敬他们，不管你用哪一种方式，在孝的天平上，它们都是等价的。生前尽孝，强于厚葬。因为，这时所做的，只能说是一种浪费，父母已经感受不到了。

生老病死，人之常情

【原典】

墨子曰：“故衣食者，人之生利也，然且犹尚有节；葬埋者，人之死利也，夫何独无节于此乎？”

【古句新解】

墨子说：“衣服和食物，这是活着的人的生存利益之所在，尚且还应当有一定的节度；而埋葬之事，这是死去的人的逝后利益之所在，为什么反而偏偏没有节度呢？”

自我品评

明朝后期以来，崇奉“天地君亲师”在民间广为流行，把五者作为祭祀对象也已很普遍。清雍正初年，第一次以帝王和国家的名义确定“天地君亲师”的次序，并对其意义进行诠释，特别突出了“师”的地位和作用。民国时期，适应推翻帝制的需要，“天地君亲师”衍变为“天地国亲师”或“天地圣亲师”。无论如何，“天地君亲师”成为祭拜的对象，充分地表现出中国民众对天地的感恩、对君师的尊重、对长辈的怀念之情，同时也体现出传统社会敬天法地、孝亲顺长、忠君爱国、尊师重教的价值取向。

父母在世时敬养父母，父母过世时厚葬父母，其后逢年过节还要祭祀父母，这是儒家孝道的基本要求，也是礼的要求，所以荀子说：

“礼者，谨于治生死者也。”

其实，与孟子、荀子相比，孔子更重视的是礼的内容而不是形式，孔子明确地表示：“礼，与其奢也，宁俭；丧，与其易也，宁戚”：“祭思敬，丧思哀，其可已矣。”无论丧礼还是祭礼，孔子更看重的是诚心。到了孟子则提出“仁人之掩其亲亦必有道”（《孟子·滕文公上》），这个“掩亲之道”就是厚葬。在孟子看来，厚葬最能显示人子的孝心：“养生者不足以当大事，惟送死可以当大事”（《孟子·离娄下》）。荀子也提倡厚葬，用荀子的话说就是：“夫厚其生而薄其死，是敬其有知，而慢其无知也，是奸人之道而倍叛之心也。”

而墨子更多地对活着的人的生存利益充满了深切的关怀。墨子认为，人活着的时候尚且衣食有节，死后也应当丧葬有节，而说到底，厚葬久丧只会损害活着的人的利益，造成无用的浪费。因此，墨子所谓的“节葬”，最终还是为了活人的利益而着想的。人应该根据实际能力来举行丧葬之礼，不必作无谓的浪费，而且亲人应该尽快节哀，以从事正常工作，只要心里一直哀念就算是尽孝了，切不可大搞特搞厚葬久丧，因为这对于生者、死者、国家和民众都是不利的。总之，在墨子看来，相对于死去的人的利益来讲，活着的人的利益更加重要。世人切不可因厚葬久丧而损害活人的利益，更何况世上还有更多的、更重要的事情等待着活人去做、去完成。总而言之，我们认为，从墨子的“节葬”主张，我们应该能够明白这样一个道理，理性地看待生死问题，有节制地举办丧葬活动，是一个社会文明程度的重要体现。

人终究难免有一死，来自于泥土，又重新归于泥土，这是自然的法则，因此，人们应理性地看待生死的问题。然而，任何时代、任何社会也都会有非理性的迷信现象发生，即使是随着现代社会的发展，诸多迷信思想却也在渐渐抬头，如有人借亲人的丧事讲究排场，大事铺张浪费，有权有势者甚至借机敛财，或迫令下属为自己去世的亲人披麻戴孝，将之看做自己社会地位和权势的象征；更严重的是一些人在健在的时候就大肆花钱选择自己的安葬之地并修造华丽的坟墓等等。

诸如此类的现象，从墨子“节葬”的观点来看，不仅是非理性的，更是一种对大量人力和物力的无用浪费。现如今，也有必要大力宣传墨子的“节葬”主张，以便使借丧葬铺张浪费的迷信陋习能够得到有效遏制而不至于泛滥成灾。

早在二千多年前，圣者墨子对此痛加指责：厚葬在王公大人家中，棺木必定要多层，葬埋必定要深厚，随葬的文绣必定要繁富，坟墓必定要造得高大；这种情况在匹夫贱民家里也存在，他们竭尽全力不惜倾家荡产；在诸侯豪族家中，死人身上装饰着金玉珠宝，裹束着丝绸绶带。并把车子、马匹埋葬在墓穴里，还要多多制作帷幕帐幔，钟鼎和鼓、几筵、酒壶镜鉴、戈矛宝剑、羽旄旗帜、象牙皮革，将这些东西放到死者寝宫一起埋掉，内心才满足。至于生者陪死者而葬，天子、诸侯死了杀掉的殉葬者，多的几百，少的几十；将军、大夫死了杀掉的殉葬者，多的几十，少的也有好几个人。若此风盛行，国家必定贫穷，人口必定减少，刑法政事必定紊乱，生命将在这样血腥的习俗中变得灰暗无光。

对待丧葬问题，应该节用节葬。节用就是反对铺张浪费，反对穷奢极欲，崇尚节俭。凡事以够用即可，而不要追逐奢侈。节葬就是提倡安葬从简。众所周知，儒家提倡的葬礼也是有很多讲究的。父母妻子逝世，均要服丧礼三年，兄弟叔伯姑姨一年，晚辈或者更疏亲戚半年。并且在服丧期间要简居少食，人饿得脸发青眼发黑身子不能走路才算孝道。墨子认为这完全没有必要，因为这三年不仅浪费时间，荒废耕作，而且因此妨碍人丁增长，造成生产落后，国力削弱。他认为，人死后往土里一埋就可以了，恢复正常的生产劳作，这样才有利于人民本身和国家。儒家是讲究厚葬的，对于各个等级的人制定了不同的厚葬标准。墨子反对厚葬，认为人死后有三件衣服三寸棺木埋在土里不让尸臭飘出来就可以了，所有的陪葬殉葬奢侈陵墓都是浪费人民的财产。毫无疑问，墨子的这些观点即使放到现在也是正确的。两千多年过去了，繁文缛节，铺张浪费，还在像蛀虫一样危害着我们。

生老病死乃人之常情。我们应该正确理性地看待生死问题。如此，胜过我们没有节度地痛苦；繁文缛节，铺张浪费地置办葬礼。人类的繁衍生息就是这样，没有死，就不会有生。所以，我们应该更加健康、积极地生活，以绚烂多彩和丰富的人生来祭奠死者的亡灵。这样，死者的生命便在生者身上得到了延续，代代相承，所谓历史和民族就是这样形成的。历史和民族不需要暮气沉沉的哀痛，而是需要积极乐观的精神面貌来繁衍生息，这才是民族的脊梁。

勤俭节约，摒除铺张浪费恶俗

【原典】

墨子曰："是故用财不费，民德不劳，其兴利多矣。有去大人之好聚珠玉、鸟兽、犬马，以益衣裳、宫室、甲盾、五兵、舟车之数于数倍乎！若则不难。"

【古句新解】

墨子曰："因此使用资财不浪费，老百姓不觉得劳苦，这样，也就增加了许多的利益。如果又减除掉王公大人们喜好搜集的珠玉、鸟兽、犬马等物品的花费，来增加衣服、宫室、铠甲、盾牌、各种兵器及车船的数量，使之增加数倍，也是不难的。"

自我品评

节俭是中华民族的传统美德，也是一个人品德高尚的表现。古往今来，节俭一直被人们视为治国之道、兴业之基、持家之宝。墨子对古代先王在衣食、车驾、用度方面的节俭给予了充分的肯定，并认为应将崇尚节俭的精神和传统继续发扬光大，这于民于国都是大为有利的。

墨子认为，可以通过"节用"的办法来增加全社会的利益和整个国家的财富，这需要统治阶级即王公大人们首先应具备一种"节用"的意识，要节制自己的物欲而过一种节约俭朴的生活，并应将主要的精力和财富放在与民众利益切实相关的方面，而不要过度追求一些华而不实、与民利无关的物质享受乃至造成对资财的无用浪费，这样也就可以很容易地使社会财富成倍增加，从而形成国强民富、社会稳定的局面。

墨子认为，古代圣人治政，宫室、衣服、饮食、舟车只要适用就够了。而现在的统治者却在这些方面穷奢极欲，大量耗费百姓的民力财力，使人民生活陷于困境，甚至让很多男子过着独身生活。因此，他主张凡不利于实用，不能给百姓带来利益的东西，应一概取消。

技艺：凡天下百工，如制车轮的、造车子的、制皮革的、烧陶器的、冶炼金属的、当木匠的等，使各人从事自己擅长的技艺，足以满足民众的需要就可以了。

饮食：足以充饥增气，强壮手脚身体，使耳聪目明，就可以了。不极尽五味的调匀和香气的调和，不招致远方珍贵奇异的食物。

衣服：冬天穿青色的衣服，又轻又暖和；夏天穿细葛布或粗麻布，又轻便又凉爽，就可以了。

房屋：房屋四面可以抵御风寒，上面可以防御风霜雨露，房屋里面光明洁净，可以祭祀，墙壁足以使男女分别居住，就可以了。

丧葬：衣三件，足以使死者肉体朽烂在里面；棺木三寸厚，足以使死者骨头朽烂在里面；掘墓穴，要深但不通泉水，尸体的气味不发泄出来，死者既已埋葬，生者就不要长久因丧致哀。

在古人的眼中，节俭，既是修身养性所必须，同时也与国家、民族的命运紧密相连。今天亦然。

晏婴出身齐国的世家，曾经辅佐三个君主，因为节俭而在齐国名声很大。晏婴吃饭时没有多少肉，妻妾不穿绸缎，祭祀先人的时候，猪肩盖不住盛器。所以《礼记·礼器》中说：“晏婴祭祀他的祖先，祭牲盛不满肉器，穿着洗过许多次的衣服上朝。”

与节俭相对的是奢侈。奢侈之风一开，人的思想就会受到侵蚀，贪欲也会越来越大，那么灾祸也会接踵而来了。需知由俭入奢易，从奢入俭难。

关于节俭，与墨子同论者颇多。

老子云："夫我有三宝，持而宝之：一曰慈，二曰俭，三曰不敢为天下先。"老子把节俭视为持身处世的法宝之一。

孔子云："奢则不孙，俭则固。与其不孙也，宁固。"意思是说奢侈显得傲慢，节俭显得寒酸。与其傲慢，宁可寒酸。

《忍经》云："以俭治身，则无忧；以俭治家，则无求。"用节俭来修身养性，就不会有大的忧患；用节俭来治理家务，就不会有过多的要求。

这一点宋儒司马光也有过很精彩的论述。他认为当时"众人皆以奢靡为荣，吾心独以俭素为美。人皆嗤吾固随，吾不以为病……古人以俭为美德，今人乃以俭相诟病。嘻，异哉！"

看当时就有人讥笑司马光为糊涂、不开化，但他坚持自己的看法，认为有道德的人都是由节俭而来的。人生活上俭，需求上就少，欲望少，就可直道而行；而人若多欲，则必贪富贵，想富贵，但钱不够用，这样在官则必贪，在民则必盗。

以俭为荣乃古往今来中华民族的美德，弃俭而尚奢，无异于本末倒置，对于年轻人来说是十分有害的。从老年人的角度视之，年轻一代不知世事艰难，更不明"粱肉不企骄奢，而骄奢自来"的道理。且年轻人正在长知识、求进取之时，在物质享受上耗费太多的精力，过于追求美食、鲜服，就会徒耗许多宝贵时间。其实这不仅仅是家庭和个人经济条件如何的问题，而是一个关乎风气和修养的问题。

这使我们很自然地就联想起今天的情况来。商品经济日益发展，随着改革开放的不断深入，人们的生活水平也逐渐提高了。年轻人讲享受，谈消费，与他们的父辈和祖辈在观念上完全不同了。司马光若能看到今天的情况，真不知该发何议论！或有人会说，时代不同了观念自然要变，对物质享受的要求也是会随之变化的，有何可非议的呢？其实，这里边有个作风的问题。过于吝啬自然可笑，肆意铺张浪费则更属可恶。穿着细事之中，礼尚往来之际，确有个修养问题。将物质文明孤立起来，抽掉了精神文明，无论如何总是一种缺憾。司马光“会数而礼勤，物薄而情厚”的说法就非常可取，无论朋友亲戚，常聚常会，年节假日纪念性或象征性的礼品相酬，彼此其乐融融。情厚不在礼重，反之，情薄而处利害中倒可能要以厚礼维系。那种以厚礼相交的友情不是很悲哀、很尴尬的事吗？

“以俭立名，以侈自败”，也是显而易见的。在我们今天的现实生活中，恐怕亦不乏实例，差不多人人都可以举出一些。说到底，俭是一种克制，奢是一种放纵，作为万物之灵的人，没有克制和自持，是不可想象的。明代学者姚舜牧说得好：“惟清修可胜富贵，虽富贵不可不清修。”歌德说得亦好：“低等动物受它的器官的指导；人类则指导他的器官并且还控制着它们。”“毫无节制的活动，无论属于什么性质，最后必将一败涂地。”

节俭是一种力量。节俭往往和进取、积极、奋斗、乐观向上的人生态度相关。一个人、一个企业、一个单位重视节俭，就能更有计划、有目标、有条理地去实现自己的追求。节俭体现的是一种忧患意识，一种可持续发展的深谋远虑，是为子孙后代着想的未雨绸缪之举。节俭，对任何人来说都刻不容缓。

铺张浪费则困，勤俭节约则昌，自古皆然。远古时期，物资匮乏，节用节俭便成为兴国利民的重要手段。没有勤俭节约的精神作支撑，国家是难以繁荣昌盛的，社会是难以长治久安的，民族是难以自立自强的，企业是难以持续发展的。而人生如果没有勤俭节约的精神作为支撑，生活亦不会幸福。因而，古时贤明的君主为提倡节俭，常制定出一些具体的规定，这些也是墨子认为当政的统治者应该学习的，同时也是我们今天应该学习的。

身外之物，莫要贪恋

【原典】

墨子曰：“吾闻之曰：‘非无安居也，我无安心也；非无足财也，我无足心也。’”

【古句新解】

墨子说：“我曾听说：‘我不是没有安定的住处，而是自己没有安定之心；我不是没有丰足的财产，而是怀着无法满足的心。’”

自我品评

墨子指出，没有知足则会产生恶，我们每个人都有欲望，但欲望太多了，人生就会变得疲惫不堪。每个人都应学会轻载，应当学会知足常乐，因为生命之舟载不动太多的沉重。

人世间最难得的就是拥有一颗平常心，不为虚荣所诱、不为权势所惑、不为金钱所动、不为美色所迷、不为一切的浮华沉沦。

有一个人曾经问慧海禅师：“禅师，你可有什么与众不同的地方呀?”

慧海禅师答道：“有!”

“那是什么?”这个人问道。

慧海禅师回答：“我感觉饿的时候就吃饭，感觉疲倦的时候就睡觉。”

“这算什么与众不同的地方，每个人都是这样的呀，有什么区别呢？”这个人不解地问。

慧海禅师答道：“当然是不一样的了！他们吃饭的时候总是想着别的事情，不专心吃饭，他们睡觉的时候也总是做梦，睡不安稳。而我吃饭就是吃饭，什么也不想；我睡觉的时候从来不做梦，所以睡得安稳。这就是我与众不同的地方。”

慧海禅师继续说道：“世人很难做到一心一用，他们总是在利害得失中穿梭，囿于浮华宠辱，产生了‘种种思量’和‘千般妄想’。他们在生命的表层停留不前，这成为他们最大的障碍，他们因此而迷失了自己，丧失了‘平常心’。要知道，生命的意义并不是这样，只有将心融入世界，用平常心去感受生命，才能找到生命的真谛。”

所以在禅宗看来，一个人能明心见性，抛开杂念，将功名利禄看穿，将胜负成败看透，将毁誉得失看破，就能达到时时无碍，处处自在的境界，从而进入平常的世界。把一切看为身外之物，才会无牵无挂，逍遥自在。

有一位禁欲苦行的修道者，准备离开他所住的村庄，到无人居住的山中去隐居修行，他只带了一块布当做衣服，就一个人到山中居住了。

后来他想到当他要洗衣服的时候，他需要另外一块布来替换，于是他就下山到村庄中，向村民们乞讨一块布当做衣服，村民们都知道他是虔诚的修道者，于是毫不犹豫地就给了他一块布，当做换洗穿的衣服。

当这位修道者回到山中之后，他发觉在他居住的茅屋里面有一只老鼠，常常会在他专心打坐的时候来咬他那件准备换洗的衣服，他早就发誓一生恪守不杀生的戒律，因此他不愿意去伤害那只老鼠，但是他又没有办法赶走那只老鼠，所以他回到村庄中，向村民要一只猫来饲养。

得到了一只猫之后，他又想了——“猫要吃什么呢？我并不想让猫去吃老鼠，但总不能跟我一样只吃一些水果与野菜吧！”于是他又向村民要了一只乳牛，这样那只猫就可以靠牛奶维生。

但是，在山中居住了一段时间以后，他发觉每天都要花很多的时间来照顾那只乳牛，于是他又回到村庄中，他找到了一个可怜的流浪汉，于是就带着这无家可归的流浪汉到山中居住，帮他照顾乳牛。

那个流浪汉在山中居住了一段时间之后，他跟修道者抱怨说：“我跟你不一样，我需要一个太太，我要过正常的家庭生活。”

修道者想一想也是有道理，他不能强迫别人一定要跟他一样，过着禁欲苦行的生活……

这个故事就这样继续演变下去，你可能也猜到了，到了后来，也许是半年以后，整个村庄都搬到山上。欲望就像是一条锁链，一个牵着一个，永远都不能满足。

《伊索寓言》中有这样一句话：“有些人因为贪婪，想得到更多的东西，却把现在所有的也丢掉了。”一个穷人会缺很多东西，但是，一个贪婪者却是什么都会缺！贫穷的人只要一点东西就可以感到满足，奢侈的人需要很多东西才能满足，但是贪婪的人却永远也满足不了。所以贪婪的人总是不知足，他们天天生活在不满足的痛苦中，贪婪者想得到一切，但最终却两手空空。

女人的衣柜里永远少一件衣服，男人永远觉得别人的妻子更好。每个人都有欲望，所以人才会生活得累，名誉、地位、金钱、情感……很多时候人们甚至都不知道自己到底想要什么，有了名誉地位了就想要美女金钱，有了洋房还想要名车，漂亮的还想更漂亮，钱多了还想钱更多，心中的沟壑不断地被各种欲望填满，人性的劣根性导致了人们在永不满足的底线上挣扎。尽管很累，却欲罢不能。

人不能有贪念，因为我们往往会因为贪婪而因小失大。当我们得到不义之财时，怕东窗事发，于是过着紧张不安的生活，唯恐被人发现，那又何苦呢？得到了一些钱，却增添了无限的内心压力。大部分人都是这样，因为一点小利，却增加了长时间的压力和压迫，白天心神不宁，晚上噩梦连连，真是不值得。

其实，我们每一个人所拥有的财物，无论是房子、车子……无论是有形的，还是无形的，没有一样是属于你自己的。那些东西不过是暂时寄托于你，有的让你暂时使用，有的让你暂时保管而已，到了最后，物归何人，都未可知。所以智者把这些财富统统视为身外之物。

卡耐基曾说：“要是我们得不到我们希望的东西，最好不要让忧虑和悔恨来苦恼我们的生活。且让我们原谅自己，学得豁达一点。”古希腊哲学家艾皮科蒂塔认为，哲学的精华就是：一个人生活上的快乐，应该来自尽可能减少对外来事物的依赖。罗马政治学家及哲学家塞尼加也说：“如果你一直觉得不满，那么即使你拥有了整个世界，也会觉得伤心。”且让我们记住，即使我们拥有整个世界，我们一天也只能吃三餐，一次也只能睡一张床，即使是一个挖水沟的工人也可如此享受，而且他们可能比洛克菲勒吃得更津津有味，睡得更安稳。

如果你得到的是整个世界，而丧失了自我的生命，那么，你也得不偿失。因贪婪得来的东西，永远是人生的累赘。贪婪轻则让人丧失生活的乐趣，重则误了身家性命。生活的压力越来越大，脸上的笑容越来越少，这或许便是贪婪的代价。“身外之物，莫要贪恋”，这是思悟后的清醒。做到了这一点，你一定会平安快乐。奢望太多只会成为你生命的负累。

第七章 染于苍则苍，染于黄则黄

——墨子原来这样说外界影响

墨子通过强调丝的颜色变化完全取决于染料的颜色，来譬喻外界环境能够对人产生决定性的影响和作用。其实，他并没有对人性进行善恶的划分，而是认为人性具有极大的可塑性，而且几乎完全取决于周围环境的影响。社会环境好而且周围的人都是道德高尚、贤能的人，人处在其中，久而久之，耳濡目染，也会变得品德优良；如果周围都是些道德低下、平庸无能的人，与他们长时间交往的话也会使自己慢慢堕落、变坏。

谨慎交友，莫与恶人者居

【原典】

墨子曰："其友皆好仁义，淳谨畏令，则家日益，身日安，名日荣，处官得其理矣。"

【古句新解】

墨子说："如果一个人所结交的朋友都爱好仁义、淳朴谨慎、小心守法，那么他的家道就会日益兴旺，身体就会日益安康，名声就会日益荣显，居官治政就会合乎正道了。"

自我品评

墨子在此强调，如果交到一个好的朋友，不仅可以使自己的身心愉悦，而且还会家道兴旺、名声显赫及事业有成。"近朱者赤，近墨者黑"，"物以类聚，人以群分"，这是亘古不变的道理。这便告诫我们在日常交友的时候，一定要结交一些道德高尚、能推心置腹、患难与共的诤友，而不是一些乱七八糟的酒肉朋友。跟着好人学好事，跟着坏人学不良，与好的朋友相处就像进入了香气扑鼻的花丛，沁人心脾，时间久了就会使自己身上带有香气，与其一样了；如果与不良的人在一起，就像进入了臭气熏天的烂鱼铺子，长此以往，也会使自己变污浊。总之，为人处世一定要慎重交友，要交益友、交贤友、交有德之友，而不要交损友、交不肖之友、交缺德之友。

古人云："近朱者赤，近墨者黑。"这个道理古今皆然。人的一生如果交上好的朋友，不仅可以得到情感的慰藉，而且朋友之间可以互相鼓励、互相激发、患难与共、互相扶持。朋友之间，无论志趣上，还是品德上、事业上，总是互相影响的。一个人一生的道德素养与事业成败，都不可避免地会受到身边人的影响。从这个意义上可以说，选择朋友就是选择命运。

墨子看见别人染丝时感慨地说，丝用青色的染料去染就变成青色，用黄色染料去染就变成黄色。所用的染料不同，它的颜色也随之改变。所以染东西时不能不慎重地使用染料。

接着，墨子又指出，不仅染丝是这样，国君也与染丝类似。舜被许由、伯阳所感染，禹被皋陶、伯益所感染，汤被伊尹、仲虺所感染，武王被太公、周公所感染。这四位君王因为所染得当，所以能称王于天下，立为天子，功盖四方，名扬天下。而夏桀被干辛、推哆所感染，殷纣被崇侯、恶来所感染，周厉王被厉公长父、荣夷终所感染，周幽王被傅公夷、蔡公毂所感染。这四位君王因为所染不当，结果身死国亡，被天下人嘲笑。

墨子还指出，不仅国君会受熏染的影响，士人也有受影响不当的情况。如"其友皆好矜奋，创作比周，则家日损，身日危，名日辱，处官失其理矣，则子西、易牙、竖刁之徒是也。"即有些人交的朋友喜欢骄傲自大，结党营私，那么他们的家道会日益衰落，自身日益危险，名声日益受损，居官治政也丧失了理性，如子西、易牙、竖刁等就是这样的人。

受好的朋友的影响可以兴家道、王天下、名扬四方，受坏的朋友的影响可以败家道、亡国家，为天下人耻笑。人们常说，在家靠父母，出门靠朋友。社会环境中朋友是最重要的。那么怎样才能交到好的朋友呢？

结交朋友要有诚心和真心。朋友之交若失去真情，变成相互依附、相互利用的关系，那就不是真正的朋友了。

物以类聚，人以群分，从你朋友的身上可以照见自己的影子。因此在交友时，应选择一些真善美的、积极的、志同道合的朋友。

另外，在朋友最需要你的时候，不要袖手旁观，不顾情义，就此疏远。真正的朋友不会在你有困难时离开你，即使有，你也不必懊恼，因为你可以进一步认清：什么才是真正的朋友，谁才是你真正的朋友。

朱熹把朋友分为益友和损友两种："大凡敦厚忠信、能攻吾过者，益友也；其谄媚轻薄、傲慢亵狎、导人为恶者，损友也。"明代学者苏浚在其《鸡鸣偶记》中把朋友分为四类："道义相砥、过失相规，畏友也；缓急可共、生死可托，密友也；其言如饴、游戏征逐，昵友也；利则相攘、患财相倾，贼友也。"志同道合、直言规劝的是畏友；患难与共、生死相依的是密友；以甜言蜜语相奉承、以吃喝玩乐相往来的是昵友，也就是人们常说的酒肉朋友；明争暗斗、相互倾轧的是贼友。

人不怕交不到益友，而是怕交到损友。一个人要交朋友，交友之道必须明确。"益友"，是第二个自己；"损友"，是一失足成千古恨。如果交的朋友都是在德性和品质、学问方面超过我们的人，那么我们在耳濡目染和熏陶之中，一定会有所收获的。俗话说，多一个朋友多一条路。一个人没有朋友，也就差不多无路可走，寂寞一生，何况有时尽管我心扉紧闭，但还是有人主动来敲。当他人主动与你接触时，你难道不去作出一点回应？应的话，可能那是个坏朋友；不应的话，可能失去一个好的朋友。怎样做才不令你两难？

一个人一生的成功，与自己所交的朋友密切相关，有些人因朋友相助而获得成功，也有人因受"朋友"之害而遭致失败，甚至倾家荡产，妻离子散！也许你会说，既然如此，那不交朋友不就行了吗？朋友有两种：一种是所谓的"酒肉朋友"，一种确是"志同道合"，同生死，共患难的朋友。前者以利害关系而结合。在你得志地位显赫时，他就和你处得很好；反之，在你一旦发生穷困祸患而有利害关系时，他便充耳不闻，这就是"小人之交甜如蜜"了。然而，后者是敬诚相待，忧乐相共，平时互相尊重，遇到有逆境时，便能挺身而出，相互帮助，这就是“君子之交淡如水”了。并不是说君子之交平淡如水，而是人与人之间，应该保持一定限度的距离，太亲密了，可能还会招来友谊的破裂。

按照现代人的处世原则，一般人都会尽量不去得罪他人，大都宁可说好听的话让人高兴，也不说一些属于实情却让人讨厌的真话。当然，那些说好听之言的人不一定都是坏人，而且这也是一种交际的手段。但如果从交友的角度来看，只说好听的话，就失去了做朋友的义务。明知你有缺点而不说，还偏偏说些动听的话，这算什么朋友？如果他还进而“赞扬”你的缺点，则更是别有居心了！这种朋友就算不害你，对你也没有任何好处，何必还浪费时间与其交往。现实生活中之所以有很多这种只说好话之人，也是因为有很多人喜欢他们如此。碰到光说好话的人便乐得不得了，不辨是非；如果他人之言稍有不顺，就觉得别人不怀好意，心术不正，或者有意给自己难堪。如果细加思索，你就不难明白，这两种人孰优孰劣了。

染于苍则苍，染于黄则黄。一个人的道德与事业，都不可避免地受到身边人的影响。从这个意义上，可以说选择朋友就是选择命运。朋友有好坏之分，结交了好的朋友，可以互相促进、互相理解、互相支持；而结交了坏的朋友，则无异于丧失正确的判断标准，使自己一步步走向消极和反面。故此，要谨慎交友，莫与恶人者居。

靠天靠地不如靠自己

【原典】

墨子曰：“今用执有命者之言，是覆天下之义。覆天下之义者，是立命者也，百姓之谇也。说百姓之谇者，是灭天下之人也。”

【古句新解】

墨子说：“如果现在采用主张命定论者的说法，那就是颠覆天下的道义。颠覆天下道义的人，是立命之人，那就是百姓的忧患所在了。喜欢以百姓之忧为乐的人，这就是在毁灭天下之人。”

自我品评

墨子的整个《非命》篇都在论述完全听从命运安排和摆布给人带来的危害，指出它是“上不利天，中不利鬼，下不利民”，命定论者是破坏和颠覆天下道义的凶手，是天下道义最大的敌人。命定论只会使人们不思进取，安于现状，乃至于故步自封，对于完善自我和推动社会发展有百害而无一利。当然，墨子破中有立，在批判命定说的同时，他也阐明了人要自强自立、努力做利国利民的事情的正面主张，他教导人们命是靠不住的，他希望人们能够抛弃一切幻想、抛弃对命运的依赖的想法，一切要从自我做起，一切要靠自己的双手，积极奋发、努力创造财富，创造属于自己的美好未来。

大哲学家亨利曾经说过：“我是命运的主人，我主宰我的心灵。”

做人应该做自己的主人，应该主宰自己的命运，不能把自己交付给别人。生活中有的人却不能主宰自己，有的人把自己交付给了金钱，成了金钱的奴隶；有的人为了权力，成了权力的俘虏；有的人经不住生活中各种挫折与困难的考验，把自己交给了上帝。

生活上，许多人养成依赖的习惯，小孩子依赖父母、妻子依赖丈夫、下属依赖上司，等等。久而久之，依赖已成定性时，就会扼杀了自我的生存本能。我们将视野再放大，人类不都依赖在这社会之中吗？许多人若没了水、电，或是交通工具，就浑身不自在！因为无法洗澡，无法看电视，无法用电脑，甚至没了车就无法行动，这其实就已经在丧失自我本能了。

寻求别人的帮助，解决问题固然可以轻松一些，可这毕竟不是长久之计，因为别人可能帮你一时，但帮不了你一世。况且，求人也不是件容易的事。所以，在遇到困难时，不要轻易去求人，要知道，求人不如求己，靠自己才能拯救自己。

战国时候，秦国派兵攻打韩国的宜阳，韩国形势危急。

韩国的国相公仲朋跟韩国国君商量说："我们的盟国看来都不可靠了。我看不如通过张仪跟秦国讲和，答应割让一个大城市给秦国，并许诺跟秦国一起向南去讨伐楚国。这样，我们就可以解除来自秦国的威胁，把战火引到楚国去了。"

韩王觉得这个主意挺好，就派公仲朋到秦国去讲和。

楚王得到这一消息，十分害怕，就与谋臣陈轸商量对策。

楚王说："韩国派公仲朋去秦国讲和了，我们怎么办？"

陈轸说："决不能让这种局面出现。我看大王赶紧派可靠的人，多带一些车辆和钱币去讨好韩国，对韩王说，我们楚国已经举国上下全面动员，全力支持韩国抵抗秦国。请韩国派使者向秦国表明决不屈服、誓死抵抗的决心。韩王如果不信，就请他派人到楚国来视察我们的军队。"

于是，楚王派使者出使韩国。韩王在内心里也不愿屈从秦国，就被说动了，派人到楚国来视察。看见楚王果然调集了大队人马，排列在大路上整装待发。楚王对韩国的使者说："请回去报告你们的国君，敝国的大军很快就会开进贵国，与你们并肩作战，联合抗秦。"

使者回去报告韩王，韩王大喜，赶紧传急令叫公仲朋停止在秦国的和谈。

公仲朋说："不行啊！我们实实在在的危害是来自秦国，楚国只是用虚的口头承诺答应帮助我们。如果我们相信了楚国的虚言而忽视了眼前来自秦国的危险，后果不堪设想！"可是韩王不听。公仲朋只好愤怒地从秦国赶回来，回来后气得一连十天都不肯上朝。

秦国于是加紧了对宜阳的进攻，宜阳越来越吃紧。韩王赶紧派人到楚国去催促楚王出兵。可是派的人去了一拨又一拨，还是不见楚国有一兵一卒过来。最后，宜阳被秦国军队攻克了。韩王这次的失策也给诸侯留下了笑柄。

由此可知，韩国自己不做战守准备，寄希望于其他诸侯国的支援，那是靠不住的，最终只会导致自己国家力量的削弱。

经历就是财富，过程比结果更重要。没有挫折就没法磨炼意志；没有困难就没法锻炼毅力；没有失败的痛苦就不会有成功的喜悦。无论什么时候都要保持一颗平常心，理智、客观地去看问题、思考问题、处理问题。无论多么困难，心里的希望之火也不能熄灭，要知道最困难的时候就是最有希望的时候，最寒冷的就是黎明，不要靠天，不要靠地，要靠自己的意志。

中国有几句顺口溜说的也是这个意思："天上下雨地上滑，自己跌倒自己爬。亲戚朋友拉一把，酒换酒来茶换茶。"在这个世界上，只有父母可以无怨无悔，不离不弃地为你付出，但靠父母只能是暂时的、有条件的，因为父母终有离开你的一天。千万不要把自己的希望完全寄托在他人身上或寄托在某一件事上，事情往往就是这样：在自己最困难的时候，自己认为最可能因为某种原因帮助你的人可能不会伸出援手；在你把一切希望都寄托在某一件事上，期望这件事的成功会改变你命运的时候，这件事十有八九是要失败的。

陶行知先生常言：“淌自己的汗，吃自己的饭，自己的事情自己干，靠天、靠地、靠祖宗，不算是好汉。”这也可以说正是墨子“非命”说的立论宗旨。不要忘了我们的天生本能，因为在必要时就会用到。所以，若是养成依赖的习惯，也要学着适当地靠自己，靠自己就不会再去怨别人，也会更加肯定自己和逐步地壮大自己。

坚持自我，勿随波逐流

【原典】

墨子曰："好美、欲富贵者，不视人犹强为之。夫义，天下之大器也，何以视人？必强为之。"

【古句新解】

墨子说："真要是爱美，真是希望富贵，就不要管他人的行事如何，自己仍然要努力追求获取它。义是天下最伟大的东西，何必要去看他人的行事呢？关键是自己一定要努力追求实行它。

自我品评

有一个人来到墨子门下，墨子问他为什么不学习，他说："我的族人中没有求学的。"墨子认为这个人不学习的原因极为荒谬，因此讲了上面这番话。墨子这段话的核心意思就是告诫世人，只要是正义之事，做事情一定要坚持自己正确的观点和主张，切不可随波逐流。

然而，现实生活中就是有这样一种人，他们一听到不同的意见，就惶惶然不知所措，随便放弃自己的立场，毫无主见可言。

有这样一个有趣的故事：

爷孙俩骑驴外出，开始时爷爷骑在驴上，孙子徒步，这时遇见几个少年，他们立即指责这位爷爷，怎么能只图自己享受，让自己那么小的孙子走路呢？爷爷一想也对，孩子那么小，是不宜跋涉辛苦的。

于是爷爷下驴，换孙子坐了上去。

孙子坐上去还没一会儿，又遇到几个年纪大的人，他们异口同声地责备骑在驴上的孙子，怎么能让胡子已经白了的爷爷走路，而自己却悠哉悠哉地安享快乐呢？孙子一想，也觉得自己不对，自己年纪轻轻的，却让年迈的爷爷劳累，真是过意不去。于是孙子也从驴上下来，他们干脆两人都不骑驴，一起徒步赶路。

没走一会儿，又遇见几个人，他们嘲笑着说，这爷孙俩真是糊涂，有驴不去骑，却用两条腿赶路，真是蠢笨如驴。这爷孙俩想了想，不无道理。怎么能让人走路，却让天生驮物的畜牲闲着呢？于是，这爷孙俩全都骑上了驴。

还没走多远，又遇到一群人，他们又批评道，你看这爷孙俩真不像话，两人都骑在驴背上，不怕把驴压死了吗？驴子虽是畜牲，好歹也是条命啊！这爷孙俩一听，也觉得没有说错，他们只好又从驴背上下来。然而，这一次他们犯难了，到底该怎么办呢？

一头驴，爷爷骑，孙子骑不成，别人批评爷爷；孙子骑，爷爷骑不成，别人指责孙子；爷孙都不骑，别人说他们蠢得要命；爷孙都骑，别人又说他们糟蹋动物。有驴骑也不是，不骑也不是，这真是莫衷一是，叫人哭笑不得。由此可见，人们对同一件事的看法和态度是多么的不同啊！

事实也的确如此，生活中每个人的知识、教养、经验、所处位置等各不相同，他们也完全会有不同的情感和取向。在这众口难调的世界里，如果一个人没有主心骨，人云亦云，亦步亦趋，没有自己的衡量取舍标准，他将无所适从。

所以，无论做什么事情，都要有自己的主见。当我们认定了一件事，就不能太在意别人的说法和看法。

墨子指出既然你喜欢学习，就不应该因为别人不喜欢，而就不去做。不要受他人影响。正所谓“走自己的路，让别人说去吧！”现在有许多人不能坚持自己正确的想法，受他人的影响而摇摆不定，对成功人生是非常致命的。所以，在做任何事之前，你不能受他人影响，要相信自己，相信“我”很重要。

希腊的柏拉图学园里，有个 30 多岁的年轻人在院子里走来走去，他低着头，嘴里不停地嘟囔着，一边嘟囔，还一边摇头。看上去，有个重大问题正困扰着他。

这个年轻人叫亚里士多德，他 17 岁的时候就被父亲送到当时最著名的大学问家柏拉图那里学习了。亚里士多德学习非常勤奋，人也很聪明，很喜欢钻研，他从老师那里学到很多知识，还看了很多书，有些书连柏拉图都没有看过。很快，他就成为柏拉图学园里学问最渊博的人，大家都说，有什么问题不懂，就去问亚里士多德吧，他肯定知道。所以，其他同学都很敬佩他，老师柏拉图也很喜欢他。

但是最近一段时间，聪明渊博的亚里士多德被一个问题困惑住了，而且整个柏拉图学园里没有人能帮助他。这究竟是一个什么问题让亚里士多德这么困惑呢？

原来，自从亚里士多德一进柏拉图学园，老师柏拉图就把自己的理论教授给了他。柏拉图认为人的理念才是最真实的存在，我们看见的树木、花草啊，只不过是我们脑子里想象的树木、花草的模仿，而我们制造出的房子、车子，更是模仿的模仿。所有柏拉图的学生都把老师的理论当做真理，从来都没有人怀疑过。随着看的书越来越多，思考的问题越来越深入。亚里士多德就越来越怀疑老师说得是不是正确。一棵树就是一棵树，是实实在在存在的一棵树，看得见、摸得着，怎么就不是真实的呢？应该先有现实世界中的树，才有思想中的树啊，现实的怎么会反成为思想的模仿呢？

亚里士多德认真地思考着这个问题，终于有一天，他向老师柏拉图提出了自己的疑问。柏拉图想了一下，没有回答亚里士多德的问题，反而说：“我看啊，要给你的思想套上缰绳，不然，你会越跑越远，思想不受控制啦，很危险！”

亚里士多德见老师这样回答，就没有再追问。旁边的同学指责他说：“亚里士多德，你怎么能怀疑老师的观点呢，要知道，老师是绝对正确的！你这样对老师非常不尊敬！”

亚里士多德摇摇头，坚定地说：“我爱老师，但我更爱真理！”

后来，亚里士多德就凭着这样的精神，成为举世闻名的大学问家。

做人要有原则。这是为人处世、立身社会的根本。

“我爱老师，但我更爱真理！”这是亚里士多德的为学态度。也是他做人的原则。老师与真理孰轻孰重，在他心中泾渭分明，是绝不能颠倒混淆的。而这坚定的做人原则。也成就了他一代哲学大师的伟名。

一个人要想成就一番功业，就要努力克服这种人性的弱点，具备一种不怕违逆众人和流俗偏见的勇气，而始终坚持自己正确的观点和看法。当然，坚持自己正确的观点和看法不等于自以为是，深明大义也不等于刚愎自用，但要想有所成就，就需要对自己满怀信心，需要做自己的主人和生活的强者，永远向着自己追求的理想和目标勇往直前。正如我国大文学家鲁迅先生所说：“其实地上本没有路，走的人多了也便有了路。”地上从无路到有路，都是人走出来的，因此，重要的是我们应该勇于走自己的路，决不轻言放弃自己的人生理想和目标，而盲目追求和别人保持高度一致。

古人云：“成大功者，不谋于众；论至德者，不合于俗。”其实，在很多时候，人往往受一种从众心理的影响和支配，故而不能坚持自己正确的观点和看法，这是人性的弱点。做人不能没有原则。没有原则，也就没有了衡量对与错的尺度，如果自己都不知道哪些事该做，哪些事不该做，那么，就很容易走入歧途。所以说，一定要坚持自我，莫要人云亦云，随波逐流。

虚怀若谷，完善自身

【原典】

墨子曰："江河不恶小谷之满己也，故能大。"

【古句新解】

墨子说："长江、黄河不嫌弃小溪、小流的水来注满自己，所以才能使水量增加，汇成滔滔巨流。"

自我品评

人非圣贤，孰能无过。有过，被人批评便是正常的事。虽然被人批评常常使自己颜面无光，但对于别人善意、正确的批评，或者是别人指出我们的不足之处，我们都应该虚心接受。在这里，墨子以长江和黄河为喻，指出为人不要骄傲自满，要谦虚，要善于听取别人对自己的批评，努力加以改正，并虚怀若谷地吸收别人的优点和长处，取人之长，以补己之短，使自己各方面的才能都有所提高。这些话说起来十分容易，一旦做起来，其实是非常困难的。

人生活在世界上，都往往或多或少有那么一些自尊心和虚荣心，很容易过分看重自己的优点和长处，取得一点成绩就会沾沾自喜，爱听别人对自己赞美的话，哪怕是过誉之辞，也会觉得十分受用；而一旦听到指责和批评，就难以正确对待和接受，对别人的优点长处，更难以虚心借鉴吸收。因而墨子在战国时期所提倡的"江河不恶小谷之满己也，故能大”的名言确实对我们有警示作用。

墨子认为，江河不拒绝小溪流入，因此能让自己的水量不断增大。圣人能接受别人的意见，所以能成为天下的大才。

然而，2000多年后的今天，仍有很多人与墨子的观点背道而驰。

这些人往往喜欢沉浸在自己狭小的空间中，沾沾自喜，总认为自己是完美的。他们对别人的意见、建议、批评最直接的反应就是排斥、抵制和拒绝。这种以自我为中心的为人处世方式，显然阻碍了与别人的正常交流和沟通，不利于自己的进步和提高。这些人应该从墨子和他的弟子耕柱的一番对话中汲取教训。

耕柱是一代宗师墨子的得意门生，不过，他老是受到墨子的责骂。有一次，墨子又责备了耕柱，耕柱觉得自己非常委屈，因为在许多门生之中，自己被公认为最优秀的，但又偏偏遭到墨子的指责最多，让他感觉很没面子。

一天，耕柱愤愤不平地问墨子：“老师，难道在这么多学生当中，我就是如此地差劲，以至于要时常遭您老人家责骂吗？”

墨子听后反问道：“假设我现在要上太行山，依你看，我应该用良马来拉车，还是用老牛来拖车？”

耕柱回答说：“再笨的人也知道要用良马来拉车。”

墨子又问：“那么，为什么不用老牛呢？”

耕柱回答说：“理由非常简单，因为良马足以担负重任，值得驱遣。”

墨子说：“你答得很好，我之所以时常责骂你，也是因为你能够担负重任，值得我一再地教导与匡正你。”

以上墨子的这个故事，其实也是虚心接受别人意见的更进一步的要求，即变被动为主动，虚心向别人求教。

一个人在某些问题上处理不当时，如果有人向他指出他的缺陷和不足，不管这个人对此抱什么态度，接不接受，采不采纳，应该说这个人都是幸运的，因为至少他已经有了一个改正的机会。但当一个人犯错误，同时他周围的人任由他犯错误而不闻不问时，那么他是很不幸的，因为他正陶醉在自以为是的错误里而浑然不知。

19 世纪时，法国著名画家贝罗尼有一次到瑞士去度假，但他每天仍然带着画夹到各地去写生。

有一天，他在日内瓦湖边用心画画，旁边来了三位英国女游客，看了他的画，便在一旁指手画脚地批评起来，一个说这儿不好，一个说那儿不对，贝罗尼都一一修改过来，分别时还跟她们说了声“谢谢”。

第二天，贝罗尼有事到另一个地方去，在车站看到昨天那三位英国女游客，正交头接耳不知在议论些什么。过一会儿，那三位女游客看到了他，便朝他走来，问他：“先生，我们听说大画家贝罗尼在这儿度假，所以特地来拜访他。请问你知不知道他现在在什么地方？”贝罗尼朝她们微微弯腰，回答说：“不敢当，我就是贝罗尼。”

三位女游客十分惊讶，想起昨天的不礼貌，一个个脸红得像苹果。

才识、学问愈高的人，往往在态度上反而愈谦卑。希望自己能精益求精，更上一层楼。正因如此，他们往往具有容人的风度和接受批评的雅量。

人往往就是这样：得到称赞，心里就感觉舒服；受到批评，要么生气，要么毫无耐性。被人批评并不是坏事，批评使我们认识到了错误，避免重蹈覆辙，批评使我们变得聪明。概括而言，面对批评，我们应注意以下几点：

1.理解别人

生活中，我们会遇到喜欢我们的人，也会遇到不喜欢我们的人。同样，我们会和自己喜欢的人在一起，也会与不喜欢的人相处。我们无法要求我们的眼睛看到的都是美丽，也无法要求所有人都喜欢自己。明白了这点，也就理解了别人批评和反对的正常性，面对批评自然平静。

2.接受批评

没有一个人完美得几乎没有一点错误。如果别人的批评正确而合理，我们就应心悦诚服地接受。认真对待别人的意见，吸取精华，改进自我。

3.表现宽容

往往涉及到个人利益，有人会偏激地反对和否定你。如果遇到这种情况，不是客观公正地看待你，那么就用理解和宽容去接受，并对他的无知而感到幼稚。当然，面对不合理不公正的批评，你也可以向对方提出来，但要在正确的时间以正确的方式适当地向对方提出。否则，会使人误解你不虚心、受不得半点批评。

虚心使人进步，骄傲使人落后。伟人往往清楚地知道他们的优点。看出他们的过人之处，但他们绝不会因此就不谦虚，他们的过人之处越多，他们就越认识到自己的不足。当别人指出他们的不足时，他们都能谦虚地面对，这就是他们能不断提升自我，成就伟业的原因。因此，一方面，在有意见、建议和批评时，我们要正确面对，虚心接受和采纳，另一方面，其他人没有对我们提出相关的意见、建议甚至批评时，我们更应该主动去征求别人的意见。仁者见仁，智者见智，博采百家之长，这样才有利于我们正确地面对问题和处理问题。

金无足赤，人无完人。每个人都有自己的优点和缺点，所以，当别人以他们的优点来指出我们的不足时，我们就应该正确面对，虚心接受、采纳，这样才能不断完善自己、提高自己。只有虚怀若谷，勇于接受别人给我们的批评、建议、忠告，才能不断地完善我们自身。

勿要安于现状，不思进取

【原典】

墨子曰："昔上世之穷民，贪于饮食，惰于从事，是以衣食之财不足，而饥寒冻馁之忧至。不知曰：'我罢不肖，从事不疾。'必曰：'我命固且贫。'"

【古句新解】

墨子说："从前古代的穷人，好吃懒做，所以衣食之财不足，而饥寒冻饿的忧患跟着到来。他们不知道说：'我懒惰无能，做事不勤勉。'却一定说：'我命中注定要贫穷。'"

自我品评

"命定论"在精神上对愚民会造成极大的自我麻醉的作用。人们往往将世间的一切，无论是成功或是失败，无论是荣华富贵或是贫困饥寒都归因于"命中注定"，这是"命定论"者最好的借口，他们不思进取，安于现状，却还振振有词，为自己的所作所为进行辩解，使之合理化。墨子反对的恰恰就是这种思想，他还试图在批判命定论的同时，唤醒民众，使他们重新找回自我，不要觉得命运对自己不公平，命运是掌握在自己手中的；不要觉得自己能力不行，那是因为自己没有付出足够的努力。

一天，墨子游历到卫国。

墨子对公良桓子说："卫国是个小国，地处秦国和晋国之间，这就像贫家处在两个富家之间。一个贫家如果学富家那样穿衣、饮食和多花费，那么必定会很快破败。现在看看你的家，带装饰的车子有几百辆，吃豆子和谷子的马有几百匹，穿绣花衣裳的女子有几百人，如果把装饰车辆、养马和做绣花衣裳的钱财用来养士，必定会养一千多人。如果遇到危险和困难，派几百人在前面，几百人在后面，这与让几百个女子站在前面和后面相比，哪个更安全呢？我认为不如畜养士人安全。"

墨子认为，卫国是小国，更应该实行强盛国家的措施，这样才能保证国家的安全。而如果以周边的大国为标准，以贫学富，安于现状，不思进取，那就危险了。

威尔逊先生是一位成功的企业家，他从一个普普通通的事务所小职员做起，经过多年的奋斗，终于拥有了自己的公司。

这一天，威尔逊先生从他的办公楼走出来，刚走到街上，就听见身后传来"嗒嗒嗒"的声音，那是盲人用竹竿敲打地面发出的声响。威尔逊先生愣了一下，缓缓地转过身。

那盲人感觉到前面有人，连忙上前说道："尊敬的先生，您一定发现我是一个可怜的盲人，能不能占用您一点点时间呢？"

威尔逊先生说："我要去会见一个重要的客户，你要说什么就快说吧。"

盲人在一个包里摸索了半天，掏出一个打火机，说："先生，这个打火机只卖两美元，这可是最好的打火机啊！"

威尔逊先生听了，叹了口气，把手伸进西服口袋，掏出一张钞票递给盲人："我不抽烟，但我愿意帮助你。这个打火机，也许我可以送给开电梯的小伙子。"

盲人用手摸了一下那张钞票，竟然是100美元！他用颤抖的手反复抚摸这钱，嘴里连连感激着："您是我遇见过的最慷慨的先生！仁慈的富人啊，我为您祈祷！上帝保佑您！"

威尔逊先生笑了笑，正准备离开，盲人拉住他，又喋喋不休地说："您不知道，我并不是一生下来就瞎的。都是23年前布尔顿的那次事故！太可怕了！"

威尔逊先生一震，问道："你是在那次化工厂爆炸中失明的吗？"

盲人仿佛遇见了知音，兴奋得连连点头："是啊是啊，您也知道？这也难怪，那次光炸死的人就有93个，伤的人有好几百，可是头条新闻哪！"

盲人想用自己的遭遇打动对方，争取多得到一些钱，他可怜巴巴地说："我真可怜啊！到处流浪，孤苦伶仃，吃了上顿没下顿，死了都没人知道！"他越说越激动，"您不知道当时的情况，火一下子冒了出来！仿佛是从地狱中冒出来的！逃命的人群都挤在一起，我好不容易冲到门口，可一个大个子在我身后大喊，'让我先出去！我还年轻，我不想死！'他把我推倒了，踩着我的身体跑了出去！我失去了知觉，等我醒来，就成了瞎子，命运真不公平呀！"

威尔逊先生冷冷地说："事实恐怕不是这样吧？你说反了。"

盲人一惊，用空洞的眼睛呆呆地对着威尔逊先生。

威尔逊先生一字一句地说："我当时也在布尔顿化工厂当工人。是你从我的身上踏过去的！你长得比我高大，你说的那句话，我永远都忘不了！"

盲人站了好长时间，突然一把抓住威尔逊先生，发出一阵大笑："这就是命运啊！不公平的命运！你在里面，现在出人头地了，我跑了出去，却成了一个没有用的瞎子！"

威尔逊先生用力推开盲人的手，举起了手中一根精致的棕榈手杖，平静地说："你知道吗？我也是一个瞎子。你相信命运，可是我不信。"

残疾并不意味着失去一切，靠自己的奋斗一样可以获得成功。赢得尊敬。同样是盲人，有的人只能以乞讨为生，有的人却能出人头地。这决非命运的安排，而在于个人奋斗与否。盲人尚能如此，我们一切正常的人又怎么能怨天尤人，不思进取呢？

古罗马的老普林尼在《博物志》上说：“人天性渴求新事物。”我们每一个人都有美丽的梦想，那么，就不要让我们的梦想因当下的环境而停滞不前。如果你真的是鹰，就不应再困顿于狭窄的小天地；安于现状、不思进取，只会使你丧失更多获得成功的机会。

安于现状会让人失去追求卓越成就的原动力。本来可以用十分的热情去工作，因为安于现状而没有一点激情；本来可以全身心地投入，因为安于现状而打不起精神来；本来可以达到100%的合格率，因为安于现状，在达到60%的合格率时就停止不前；本来可以把工作做到最好，因为安于现状，没有做到最好就举杯庆贺了……

总之，墨子的非命论教导我们的是，要在日常的生活中少一些“安于现状”，多一些“努力奋斗”，因为生命赋予了我们正视这个世界的勇气，生命掌握在我们自己的手中，我们完全有能力去创造、改变、选择和追求我们想要的生活，能够很好地实现自己的人生价值。

所以，无论外界的条件对我们多么适宜，都不要安于现状，不思进取。要知道，除了个别方面受到客观条件的限制外，都是由自己的所作所为造成的。

第八章 体察仁义之本，天意不可不慎也

——墨子原来这样说天志明鬼

墨子所谓的“天志”，并不是一种非理性的宗教信仰或低级的迷信观念，它首先更主要的是墨子所据以审视和评判人世间一切事物和问题的理性化的客观仪法或终极依据；其次，在他看来，天是比天子更尊贵和聪明的一种客观实在的因素或力量，天子应该服从于天的意志。

“明鬼”与“天志”有异曲同工之妙，都是他用以警戒世人特别是统治者的一种精神武器，目的是为了实现国家的富裕与世界的和平以及百姓的福祉和利益。

顺承天志，天必福之

【原典】

墨子曰：“天下有义则生，无义则死；有义则富，无义则贫；有义则治，无义则乱。然则天欲其生而恶其死，欲其富而恶其贫，欲其治而恶其乱。”

【古句新解】

墨子说：“天下有道义就能生存，无道义就会死亡；有道义就能富裕，无道义就会贫困；有道义就能治平，无道义就会混乱。天希望人类能生存而憎恶其死亡，希望天下人富裕而憎恶其贫困，希望天下能够治平而憎恶其混乱。”

自我品评

墨子赋予了天志或天意一种明确的意向性，即天希望人们能够好好地生活，在一种安定有序的社会环境下，过上一种富裕幸福的日子，而憎恶死亡、贫困和混乱。事实上，天之所欲也就是人们所希望的，而天之所恶也就是人们所憎恶的。因此，墨子所谓的天志、天意说到底代表了一种人类自身对社会生活的美好愿景的追求和向往。

同时，“天”与“义”亦是紧密相连的，墨子认为“义自天出”，因此，墨子所谓的天志、天意也可以说是一种社会道义或公平正义的象征，因为天希望的是人们行义事，而不是做不义的事，反之，人们的言语行为，凡是符合天志、天意的也就是义的，否则就是不义的，义与不义直接关系着人类的生与死、国家的贫与富、天下的治与乱。在墨子看来，只要统治者能够顺承天志、天意而实行“义政”，天下就可以得到治理、走向富裕和太平，否则就会陷入大乱和贫困之中。

古时候三苗大乱，民不聊生。古帝高阳于是给在玄宫的禹下达命令，大禹亲自握着天帝的瑞玉令符，去征讨有苗。雷电震撼，有一尊神人面鸟身，用手捧着圭玉侍立，挟箭急射有苗头领。有苗军大乱，一败涂地。大禹战胜三苗后，便划分山川，分别物类，节制四方，于是黎民百姓安居乐业。商汤驱逐夏桀，亦同此理。桀王无道，导致寒暑杂至紊乱，五谷枯焦死去。汤于是奉上天之命，率领他的部队诛讨夏桀，夏桀的民众也起而响应，归附商汤。到了商纣王，天帝不能享受其德，祭祀鬼神不按时，于是又天下大乱。妖妇夜间出现，鬼怪夜间悲吟，有女子化为男子，天下了一场肉雨，荆棘生长在国都大道上，纣王更加骄横放纵了。有只赤鸟口中衔圭，降落在周的岐山社神庙上，说道：“上天命令周文王，讨伐殷邦。”贤臣泰颠来投奔协助，黄河中浮出图篆，地下冒出乘黄马。

周武王即位后，梦见三位神人对他说：“我既已使荒淫的殷纣王沉湎于酒色之中，你前去攻打他，我必定助你成功。”武王于是决定替天行道，消灭纣王这个无赖，反商为周。政教通达四方，天下太平。依墨子之见，诛讨之功，功在上天、鬼神和民众。上符合上天的旨意，中符合鬼神的利益，下符合人民的心愿。倘若当代人不拘泥于上天、鬼神之类代指的说法，那么，就不难明白，为民众的长远利益而战，就是诛讨者最大的功劳。

神话故事总是给历史蒙上一层神秘的面纱，穿越几千年历史时空依然美丽动人。不管神话故事是真是假，但对于后人来说，都向我们阐述一个道理：顺承天志，天必福之。

易经有三立之道，立天之道，曰之明月，立地之道，曰之刚柔，立人之道，曰之人仁。墨子说统治者要顺承天志，实行“义政”，天必福之。那么，我们做人也要以“仁义”为本，若不能行仁义，那么虽形体上是个人，但本质上却不能称为真正的人，因为这个人没有做人的人格水平。

1941年12月，日本在偷袭珍珠港的同时，集中兵力从中国华南向香港发动进攻。12月25日，香港沦陷，大批守卫香港的英军被俘。

1942年9月25日，关押在九龙及香港岛的1816名英军战俘被押上了日军的“里斯本丸”号。由于安装了军事设备却没有悬挂相关旗帜或标志，9月30日晚，这艘客货轮被美国太平洋舰队潜艇部队“鲈鱼”跟踪并攻击，其中一枚鱼雷击中“里斯本丸”的燃料舱，船上响起了巨大的爆炸声。

为了防止骚乱，日军封闭所有舱口，钉上木条，盖上防水布，并用绳索捆住。战俘所在的船舱里既无照明，又隔断了新鲜空气，令人窒息。

最后，失去动力的“里斯本丸”经过一天一夜的漂流，船体开始倾斜下沉。次日上午8时左右，“里斯本丸”船长决定弃船。

日军运输船随即派出救生艇，带走船员和大部分卫兵，仅留下六七个卫兵在甲板上监视战俘。惨无人道的日军企图让所有战俘与“里斯本丸”号一起葬身大海。

“里斯本丸”出事的地点位于舟山东极岛附近海面，距离最近的是青浜、庙子湖两个小岛，岛上居民以捕鱼为生。当时，舟山本岛及岱山等附近岛屿虽已被日军占领，但外围小岛仍为地方抗日武装所控制，这为营救英军战俘提供了条件。

1942年10月2日9时，漂流至距东极岛约2海里处的“里斯本丸”尾部沉入大海，头部向上翘起，轮船上大批英俘和财物坠入汪洋之中。东风掀起狂潮，浪花翻卷着漩涡，眼看在大海里挣扎的落水者即将被吞噬。

东极、庙子湖等附近小岛渔民见此情景，当即自发驾着小舢板出海救人。青浜、庙子湖等附近小岛196名渔民，先后出动小渔船48艘

65次，从海面上救起384名英军官兵。其中一些英军战俘游上了附近的无人岛礁，也被渔民救回。

被救起的英军战俘被安置在渔民家中。岛上渔民慷慨地拿出所有的粮食、鱼干和蕃薯给英俘充饥，同时还取出衣服给英俘穿。

10月3日，空中传来“轰隆”的声音，几架日机飞临上空，向“里斯本丸”沉没的海域投下了大量炸弹。10月4日，5艘日军舰艇开抵东极海域，约200名日军上岛挨家挨户搜查，任意吊打手无寸铁的渔民，威胁渔民不得隐藏英军战俘。最后，英军战俘又被日军重新押上船。

惨无人道的日军怎么也不会想到，在他们的淫威和刺刀下，青浜岛竟还有3名英俘在岛民掩护下躲过大搜捕。

3名英俘藏了5天后，扮成渔民模样，通过当地抗日武装的护送，他们躲过附近的日本巡海炮舰，成功转移到另一小岛作短暂休养，后来他们又被送出海岛，辗转至重庆，最后由英政府驻华使馆接回国。

3名英军战俘居留重庆期间，曾以亲身经历在广播电台上揭露日军暴行，引发国内外强烈公愤。

1949年2月27日，香港隆重悼念“里斯本丸”号上的遇难英军官兵，并高度赞扬了舟山渔民勇救英军官兵的功绩。

如果人类丧失了仁义之心，那整个社会将充满暴力。无论世态如何炎凉，人心如何浅薄，仁义永远是指引人类前进的明灯。一个人如果能真诚地践行仁义，就能影响更多的人、带动更多的人来施行仁义。这也是创建和谐社会所必需的。

其实，墨子教导我们顺从天志也好，人们遵循人道主义也好；不管是统治者也好，普通人也好，都不外乎要有一颗仁义之心。仁义是一种道德范畴，指人与人之间相互友爱、帮助、同情等，只有这样，世界才会更和谐。

天亦有赏善罚恶的能力

【原典】

墨子曰：“顺天意者，兼相爱，交相利，必得赏；反天意者，别相恶，交相贼，必得罚。”

【古句新解】

墨子说：“顺从天意的人，能够无差别地爱他人，互相给予利益，必定得到上天的赏赐；违反天意的人，视人为异己而互相仇恨，彼此互相伤害，必将受到上天的惩罚。”

自我品评

西周以前，原始宗教观笼罩着人们的意识，人们相信人世间的一切都是由“天”主宰的，“天”不仅有道，而且有意识。“天”或“上帝”能干预人事，对人进行奖惩。而“天子”就是“天”或“上帝”在人间的代表，他们是受“天命”也就是天的命令在人间实施统治的，他们死了之后也就成了神，到天上“在帝左右”，一起主宰人世。

墨子也认为，天具有“赏善罚恶”的能力，而统治者只有以“天志”作为自己的行为准则，顺从天的意志，兼爱天下的人，为人做事能够上利于天、中利于鬼、下利于民，才能得到上天的垂爱和奖赏；反之，违逆天意者，以大欺小，恃强凌弱，彼此憎恶、仇视和伤害，必定会受到上天的唾弃和惩罚。如果说前者是具有“天德”的统治者的话，那么，后者便是“天贼”式的统治者。显然，墨子希望这样一些思想观念能够对统治者起到某种警示和告诫的作用，不过，那要看统治者是否真正信仰墨子所谓的天志天意了。

墨子又提出："夫愚且贱者，不得为政乎贵且知者，然后得为政乎愚且贱者。"意思是说，那些愚蠢而卑贱的人，不能去统治尊贵而有智慧的人；那些尊贵而有智慧的人，才能够去统治愚蠢而卑贱的人。表面上看来，墨子的这一主张所强调的是政治统治的基本原则应是尊贵和有智慧的人统治愚蠢和卑贱的人。将这一原则真正落于实处，无疑会形成一种严格而僵化的尊卑贵贱的等级制度，不过，"醉翁之意不在酒"，墨子所关注的主要不是如何建构人与人之间的尊卑贵贱的等级制的问题，而是人与天或者更确切地讲是统治者（天子）与天的关系问题，即天子之于天，究竟谁更尊贵、谁更有智慧的问题。这一问题的背后事实上关系着这样一个重要的政治问题，即谁才能制约人间统治者的权力，并使其政治统治具有正当与合理性。在墨子看来，相对于人间的统治者来讲，唯有"天"才是更为尊贵和富有智慧的。

因此，墨子可以顺理成章地推论说，唯有天高于天子而可以统摄人世间的一切，天是监临天下、主宰一切的最高至上神，也唯有天才拥有至高无上的绝对权威，即使是人间的最高统治者也应顺从天志、天意，按照天志、天意来进行统治才具有正当与合理性。

俗话说，善有善报，恶有恶报。为人只有行善积德，心中坦荡，才能得到好的报应。而作恶多端，多行不义，必然会遭到应有的惩罚。为善者得福，为恶者致祸，《墨子·法仪》中也鲜明地指出了这个观点。

墨子认为，爱人利人的人，天一定降福给他，损人害人的人，天一定降祸给他。"夫奚说人为其相杀而天与祸乎？"为什么说人若互相残杀天就会降给他灾祸呢？墨子认为这是由于天希望人们相互爱护、相互帮助，而不是希望人类相互厌恶、相互残害。

人若作恶，天就一定降祸给他吗？人若为善，天就一定降福给他吗？古人的故事是最好的例证。

楚庄王大宴群臣，宴会间突然风起，所有蜡烛都被吹灭了。这时，不知是谁趁黑调戏为群臣敬酒的楚庄王的爱妃许姬。许姬在慌乱中将那个人帽子上的缨子揪下来，摸到庄王跟前悄悄告知此事，没想到庄王却站起来大声说：“大家不要受拘束，都把帽缨子摘下来，我们喝个痛快。”大臣们都莫名其妙地把帽缨子摘下来了，庄王这才叫人点燃蜡烛，请大臣们继续喝酒。庄王和许姬都不知道少了帽缨子的那个大臣是谁，但都没有追究下去。后来楚国讨伐郑国时，健将唐狡自告奋勇当开路先锋，进兵神速。庄王召见唐狡，要奖赏他。他说：“君王已给我优厚的赏赐，我今天应该报效于您，不敢再受赏了。”庄王感到很奇怪，说：“我什么时候赏赐过你?”唐狡说：“在绝缨会上，拉美人袖子的就是我，承蒙君王不杀之恩，今特舍命相报。”

好人终有好报，楚庄王的善举得到了意外的回报。但施恩不图报，好事不留名，对真正的君子来说，为善为恶之所导致的福祸，更多地体现在一种内心的体验和感觉上。为善，如春园之草，不见其长，日有所增；为恶，如磨刀之石，不见其损，日有所亏。于是，久而久之，为善者必福气临门，为恶者必大祸临头。

做了一件有利于别人的事情，给人一个迫切需要的帮助，救援了一个需要救援的人，内心会有一种什么样的感受呢?是否会有一些安慰、一些自豪、一些快乐，或者感受到了善良?有，这就是回报。这就是这件事情带给你的一个好报应，也是福的起源。

反之，做了损害别人的事情，伤害了无辜者的利益和生命，内心往往会有一种罪恶感，会感到愧疚。也许这件事情永远都不会被别人知道，但你的内心还是会感到恐慌。因为你隐瞒了别人，却不能瞒过自己。别人放过了你，你却不能放过你自己。这便是良心的审判、良心的惩处。这也是恶的报应，祸的开端。

当然，限于时代的局限性，墨子试图以天志、天意来规范或训化统治者的权力意志，希望统治者能够运用手中的权力造福百姓、消除祸乱，为天下苍生兴利除害，此法未必真正能够奏效，但其良苦用心却是难能可贵的。如果我们抛开其宗教信仰的外衣，那么，我们迄今仍然面临着墨子所欲解决而未解决好的如何有效制约统治者权力的真实政治问题，值得我们深长思之。

善与恶，天必明察

【原典】

墨子曰："夫天不可为林谷幽门无人，明必见之。"

【古句新解】

墨子说："对于上天而言，没有什么山林深谷幽僻之所，无论什么地方，上天那明亮的目光都能看见。"

自我品评

这句话的意思是说"天"无所不在，无时无处不在，它在冥冥之中注视、照察着人类的每一个角落，在天的监视之下，任何人都是无所逃避的。要想人不知，除非己莫为，做的事是善是恶，天都会明察的。

在西周时期，人们认识到，人间的王虽然是受命于天的天子，但"天命"是"无常"的，会变的，否则就不会发生商朝取代夏朝\周朝取代殷商那样的事情了。那么天在什么情况下会改"命"呢？就是当这个人间的天子缺德的时候。比如商纣王，很缺德，不能爱民保民，就配不上"天命"，"天命"就要改了。改也就是"革"，天命改了，也就是"革命"了。所以《周易》里面有句话，叫做"汤武革命，顺乎天而应乎人"。可见"革命"的合法性，就在于"替天行道"。

有鉴于此，周天子对自己的"德"很在意，反复告诫子孙要"敬德”“明德”，要“保民”。他们小心谨慎地观察“天”的“情绪”，如果出现了日蚀、月蚀或是其他不寻常的自然现象，他们就认为“天”不高兴了，可能是因为我们做错什么事了，于是反省自己，修正自己的政治。这种观念在当时是一种普遍的意识形态。

自春秋以来，一种人文主义、理性主义的思潮也逐渐兴起，就是认为“天道远，人道迩”，意思就是说“天道”离我们其实很远，“人道”才是贴近我们现实的事情，把我们人自己的事情搞好是最重要的。孔子、孟子虽然没有切断“天道”和“人道”之间的联系，但显然是更加关注人道和人事，他们对“天”以及鬼神只是采取一种敬而远之的态度，也就是对“天”和“天命”表示敬畏，但却不多谈论。孔子认为“天”是不会直接说话的，它只是用日月四时的运行来表示它的意思。孟子则认为，如果说“天”是有视觉和听觉的话，那也是通过老百姓的视觉和听觉来表现的，所以统治者要特别在意“民视”“民听”。

墨子发现，他那个时代的士君子开始不再信仰天志，也不再引天志以相互警戒，这是天下秩序混乱、世风日下、道德败坏的根源。因此，为了挽救混乱的世事、重整世界秩序，墨子认为有必要重新让世人了解、领悟和尊奉天志行事。所以，墨子大肆鼓吹“天志”“明鬼”，为自己的社会政治主张提供支撑。

墨子提出：“夫天不可为林谷幽门无人，明必见之。”只要你做了坏事，无论你藏在哪里，天也会知道的。

一日，佛祖闲来无事，从地狱之井向下望去，只见无数生前作恶多端的人正因自己的邪恶而饱受地狱之火的煎熬，脸上写着无比痛苦的表情。

此时，一个强盗看到了慈悲的佛祖，马上乞求佛祖救他。佛祖知道这个人生前是个无恶不作的大盗，他抢劫他人财物，任意屠杀生灵。但是，他也不是一次善事都没做过。有一次他走路的时候，正要踩到一只小蜘蛛时，突然心存善念，移开了脚步，放过了那只小蜘蛛，这成了他一生中罕见的善业。

想到这里，佛祖认为他还有一丝善心，于是决定用那只小蜘蛛的力量来救他脱离苦海。

佛祖从井口垂下去一根蜘蛛丝，大盗像发现了救命稻草一样拼命抓住了那根蜘蛛丝，然后用尽全力向上爬。可是其他在井里遭受煎熬的人看到这样的机会都蜂拥着抓住了那根蜘蛛丝，无论大盗怎么恶言相骂，他们就是不肯松开双手。

蜘蛛丝上的人越来越多了，大盗因为担心蜘蛛丝太细，不能承受这么多人的重量，从而将自己脱离苦海的唯一希望毁坏，于是便用力将自己身下的蜘蛛丝砍断了。结果，蜘蛛丝突然消失了，所有的人又重新跌入万劫不复的地狱。大盗连最后一点怜悯都丧失了，佛祖怎么会救他呢？

其实，既然蜘蛛丝是佛祖抛下来的，怎么会断呢？

善，即善良，指美好的事；恶，即丑恶，指坏事。无论是善还是恶，皆有大小之分。比如，有的人就理直气壮地称：只要犯法的事不干，小打小闹地占点公家的钱物，根本算不了什么。还有一些人，喜欢拿自己的“小恶”同那些杀人放火、坑蒙拐骗的行为相比：比起他们，我这点小错算得了什么呢？正是这种“小恶无害论”，使得他们错误越犯越大，甚至走向了犯罪的深渊。善恶皆在一念之间。

从古至今，总有一些人为了追求“和氏璧”、“隋侯珠”、“三翮六翼的九鼎”之类的东西不惜去做违背道义的事。墨子时代有项子牛之类（墨子弟子），而今天，也可见那些违法出售的假冒伪劣产品就有假烟、假酒、假药、黑心肉等，最天理难容的就是黑心奶粉，居然为了利益，对婴儿都不能残留一点善心！

所以说，为善与为恶，上天都必明察，我们都要遵循墨子给我们的启示：对于上天而言，没有什么山林深谷幽僻之所，无论什么地方，上天那明亮的目光都能看见。

第九章　以义名立天下，德求诸侯，天下之服可待也

——墨子原来这样说战争谋略

俗话说：得民心者得天下。让天下百姓心悦诚服，这是英明睿智的王者所孜孜追求的目标。那么，何以服人呢？墨子认为，应该以仁义在天下立名，以德行使诸侯臣服，那么不用发动战争就可以称霸天下了。

居安思危，不预则废

【原典】

墨子曰："库无备兵，虽有义不能征无义；城郭不备全，不可以自守；心无备虑，不可以应卒。"

【古句新解】

墨子说："仓库里没有储备兵器，即使自己有理也不能征伐不义之兵；内城外城不修防完备，不可能防守自己的国土；心中没有考虑周到，不可能应付突发事件。"

自我品评

"凡事预则立，不预则废"（《礼记·中庸》），无论是国家还是个人都要事事早做打算、未雨绸缪，才能防患于未然，才能在天灾人祸突然出现的时候沉着冷静、从容应对。当今我们党和政府针对各种突发事件加大力度着力完善各种预警机制和制定各种应急处理方案，可以说正是对墨子的这一政治智慧的具体运用。

忧患意识在传统文化中积淀久远而深沉。《孝经》从居高位而常守富贵的角度告诫道："高而不危，所以长守贵也；满而不溢，所以长守富也。"荀子的"满则虑溢，平则虑险，安则虑危，曲重其豫"所表达的忧患意识，既是就"持宠处位，终身不厌之术"而论的，也是就普遍意义上的"智者举事"而言的，他认为这是"百举而不陷"、无往而不胜的法宝。

忧患意识在传统文化中渊远而流长，成为一笔宝贵的思想财富。汉唐盛世无不是在心怀忧患、总结前朝灭亡教训的基础上励精图治的结果。欧阳修在其所著的《新五代史·伶官传序》中说：“忧劳可以兴国，逸豫可以亡身……夫祸患常积于忽微，而智勇多困于所溺。”这里所表达的忧患意识，是从五代时唐庄宗在完成父志、剿灭雠仇之后沉湎于安逸而丧失忧患之心，最终身死国灭的惨痛教训中得出的，具有深刻而普遍的警世意义。因而，于成功之时，居福安之境，也不能得意忘形，必须保持“如履薄冰、如临深渊”的危机意识、忧患意识，唯其如此，才能够有备无患，“百举而不陷”。

忧患意识强调的是预防、防备的重要性。兵法讲究出奇制胜，对“不预”的人来说，灾患就是一支可怕的奇兵，它的突然降临往往能导致一个国家的灭亡，导致一个人的猝然失败。

在不利环境下，预防、准备是理所当然，在有利环境下，预防、防备更是不可或缺。墨子在《七患》中所讲的“备”，主要指储备、准备。

墨子认为，充分的储备和准备是保证社会稳定和长治久安的前提，也是防止外来侵略、成功实施“防御军事”的基本条件，尤应引起重视，故称“备”为“国之重也”。

历史上也有一些人，防范心理较弱，为此吃亏上当，悔之莫及，孙策就是一个例子。

孙策是东汉末年的风云人物，占有江东全部领土。曹操和袁绍在官渡交战的时候，他与人谋划，欲袭击许昌。许昌是曹操的老巢，曹操部下听到这事，都很恐慌。有一位郭嘉却说：“孙策新近吞并了江东的土地，诛杀了当地的英雄豪杰，这是他能得到部下拼死效力的结果。可是，孙策遇事粗心大意，不善防备，虽有百万之众，和孤身一人没有什么两样，若有一个埋伏的刺客杀出来，他就对付不了。据我看来，他必定死在刺客手里。”

孙策的谋士虞翻也因为孙策好骑马游猎，劝谏道：“您指挥零散归附的将士，就能得到他们拼死效力，这是汉高祖的雄才大略呀！但您轻易暗地里出行，将士们都很忧虑。那白龙化做大鱼在海里游玩，就会被渔夫捉住；白蛇爬出山中，被刘邦斩杀了，都是教训，希望您能谨慎些。”孙策说：“先生的话很有道理。”然而，孙策始终改不了老毛病。他出兵袭击许昌时，到了长江口，还没过江，就像郭嘉预料的那样，被许贡的门客所杀。

郭嘉、虞翻的远见卓识和孙策的粗心大意，在此得到集中体现。孙策诛杀了那么多的英雄豪杰，有多少人对他不切齿痛恨？有多少人不想寻找机会报仇雪恨？可他却全然不放在眼里，单枪匹马，独自外出，其英雄胆气可嘉，而处事之能却甚为可怜。

所以，一定要牢记“防患于未然”之古训，不要步亡羊补牢之后尘。这是成大事的基本。有些人等到出现漏洞以后，才知道自己做错了，这是愚人所为，也会受到严重影响，甚至直接影响人的生存。

孙正义是软件银行集团公司的创始人，现在是该公司的总裁兼董事长。他在不到二十年的时间里，创立了一个无人相媲美的网络产业帝国。孙正义的过人之处，是他的思维理念。他能从眼前的生意中，看到未来的生意方向和发展前景。他看未来不是十年、二十年，而是一看就是上百年。

孙正义在23岁时，曾花了一年多的时间来想自己到底要做什么。他把自己想做的40多种事情都列出来，而后逐一作详细的市场调查，并做出了10年的预期损益表、资金周转表和组织结构图，40个项目的资料合起来足有10多米高。然后他列出了25项选择事业的标准，包括该工作是否能使自己全身心投入50年不变、10年内是否至少能成为全日本第一等等。依照这些标准，他给自己的40个项目打分排队，计算机软件批发业务脱颖而出。用十几米厚的资料作事业选择，目光放在几十年之后，这样的深思熟虑，这样的周密规划，注定了他日后的成功。

不久，他便创立了软件银行公司。其公司的软件推销业绩，居全日本第一。随即孙正义利用他的公司出了几本杂志，旨在提醒客户购买软件银行的产品。1994 年，他的软件银行公司上市，筹集到一亿四千万美元。从此，软银集团开始腾飞。

俗话说：磨刀不误砍柴工。孙正义周密谋划、预设未来，用一年的时间赢得了一生的成功。成功人士常说，把 80%的时间留给未来。即用 20%的时间去处理眼前的紧要事情，而用 80%的时间去做那些暂时没有收益但以后会有的重要事情。的确，走一步，看三步。预先防备和采取措施，笑得最长、笑到最后，这才是大智慧。这样才能永远立于不败之地。

生于忧患，死于安乐。忧患意识是未雨绸缪、防患于未然，可以避免危险。

人无远虑，必有近忧。人生道路不可能总是一帆风顺的，人们在做事为人时只有精心规划，预于先，备于前，而后才能披荆斩棘，顺利前进。我们想问题，办事情，应该立足于可能性的复杂，从最坏处着眼向最好处努力，千万不可掉以轻心、麻痹大意。因此说，要居安思危，不预则废。

关照他人，分享财富

【原典】

墨子曰："是以富贵者奢侈，而孤寡的人却在受冻挨饿，虽然希望国家不发生混乱，但也是无法做到的。"

【古句新解】

墨子说："富贵的人生活奢侈，而孤寡的人却在受冻挨饿，虽然希望国家不发生混乱，但也是无法做到的。"

自我品评

这句话表明墨子在当时已经认识到社会存在严重的等级差距和贫富分化的问题，并且对此问题从关系国家长治久安的高度来加以认识。墨子认为，民贫国乱是由统治阶级生活奢侈腐化、"厚敛于百姓"所造成的，要想达到民富国治，统治阶级首先应该生活节俭，不要浪费财物。他告诫统治阶级不要为富不仁、过度奢侈，而应该节目有度、救贫济困。

石崇是晋代开国功臣石苞最小的儿子。石崇在荆州，靠抢掠客商和劫夺外国贡使发家，成为豪富。他纵情声色，挥霍无度。

石崇最后死于"八王之乱"中的权力斗争，绿珠只是送他"上路"的导火线。他那巨大的来路不明的财富足以在乱世中成为被掠夺的对象。既然他在荆州能打劫别人，当别人有了条件时何以就不能打劫他？

可怜他死到临头还抱有幻想，认为自己最多被流放到异地。等到押赴刑场时才明白过来，感叹说：“这帮奴辈是贪图我的家财啊。”押送者说：“知道是财富害了你，为何不早把财富散了？”石崇无言以对。

亿万富翁郭凡生的创业经历，向我们印证了一种智慧。

1992 年，在中关村的一条街上，郭凡生用自己的 7 万元人民币，成立了慧聪公司，开始了自己的创业之旅。现如今，这条街上的许多商人，大多已经销声匿迹了，并且，存活下来的公司也寥寥无几，而这其中就有这家慧聪公司。这家公司不仅存活了下来，还在全国各地拥有了数十家分公司，2003 年 12 月这一天，“慧聪”在香港成功上市，这其中奥秘何在呢？

各种传媒都曾报道过这样的新闻：“慧聪上市，打造了 126 位百万富翁。”原来，郭凡生成功的同时，还带动了一大批成功的人士，反过来也可以这样说，正是这一大批渴求成功的人士，将郭凡生推上了成功的高峰。殊不知，郭凡生与其他商人的区别，就在于他懂得与众人分享财富，此话何解？

让我们来看看郭凡生是如何解释他在公司的章程里，所拟定的知识股份制：“公司在 1992 年初创的时候，就确立了按知识分配为主的分配方式，规定公司的任何人分红不得超过企业总额的 10%，董事分红不得超过企业总额的 30%。连续八年，公司把 70%以上的现金分红，分给了公司那些不持股的职工，而我们这些董事，公司也规定得很清楚，谁离开公司，本金退还，不许持股。所以，我们这些董事又都是公司总裁、副总裁，参与的也是知识分红。”

这个章程为整个公司、为公司的员工们描绘了一个美好的明天，郭凡生也一直在为员工们勾画着百万富翁的梦想。但许诺的股份毕竟不是现金，郭凡生如此苦心地追求与员工们共同分享日后的成功，这在许多员工眼中，不过是一个乌托邦。企业运行的十几年间，郭凡生极力推行的知识股份制，一度被人指责为“骗人的把戏”。

因为在 2000 年，公司亏损 2000 万元，只有一两个部门可以拿到超额奖，许多员工便纷纷离开，离开的员工甚至还抱怨说：“你在用这种方式骗人。”但还是有一批骨干分子、忠诚的老员工。选择了留下来，而郭凡生“知识股份制”的制度安排，成为了“慧聪”的核心竞争力，为了这个美好的梦想，为了自己的生存需要和安全需要，也为了老板的慷慨，为了老板对自己的尊重，留下来的员工齐心协力，帮助郭凡生渡过了困难时期。

此事以后，郭凡生更加坚定了自己的信念：“中关村企业有 100 万利润就分裂，有 200 万利润就打架，为什么做不大呢？关键就在于这个公司只有一个老板。老板拿走了绝对的利益，而这个公司又不是靠老板的资本来推动发展的，当它的主体变为知识推动之时，企业就要不断地分裂，所以，中关村的企业做大的不多，唯有分享财富，才能获得最后的成功!”

正是凭借员工们的不断努力，慧聪公司才拥有了现在的成就!

而当初那些与郭凡生一起，在中关村同时起步的商人们，大多数都坚持用低成本“运作”，即对自己的员工吝啬，能少给一分，就不多给一分。虽然，当时这个行业的收入可观，他们也在很短时间内买了车、买了房，但是，如今回过头来一看，这些仍在中关村坚持的商人，也算是有所成功，却始终没有成气候，员工也经常如走马灯般，不断地进行更换，无法得到真正的成功。

与他人分享不只是慷慨，分享更多的是明智，如果认识到这一点，对商人而言尤为重要，郭凡生的成功，就印证了这一道理。如果不是他早就在公司章程里做出愿与员工共同分享的制度安排，慧聪公司不会一下子就冒出 126 个百万富翁，很可能“慧聪”早在 2000 年就已被淹没，即便那时没有被淹没，“慧聪”也决不会有今日的辉煌，当然，郭凡生也不可能成为亿万富翁。

无论是做人还是做企业，都要懂得关照他人，利不独享，只有这样，才能搞好人际关系，共创和谐美好社会。

以逸待劳，相时而动

【原典】

墨子曰："人劳我逸，则我甲兵强。"

【古句新解】

墨子说："我能让敌人疲于奔命，而我以逸待劳，则我的兵力就必定会增强。"

自我品评

生当纷争多事之秋，各诸侯国长期征战，百姓早已困苦不堪，国家的财富也基本损耗殆尽，面对这种情况，墨子提出当政者如果能改变策略，做到对内安抚百姓，对外停止战争，亲结诸侯，那么治理国家的功利就会数倍地增加。他同时进一步指出这种策略所带来的好处就是别的国家因为攻伐不断而劳困，实力不断受到损失，而我方却因为以仁义治国而安逸，国力会不断增强。墨子还将"以逸待劳"作为一种战术应用到实际战争中来保卫国家，抵御侵略。

在瞬息变化的战场上，"逸"和"劳"不是一成不变的。善于作战的军事指挥者在面对强大对手的时候，会积极地做好军事防御，养精蓄锐，等待有利的战机出现，集中全力，以锐不可当之势，迅速出击，速战速决。

公元前684年，齐国攻打鲁国，一直攻打到长勺。鲁庄公决定与齐国决一死战。这时候，大臣施伯向他推荐了曹刿。鲁庄公拜他为大将，率军迎敌于长勺。

齐国见鲁国出战，立即展开攻势。鲁庄公正要令鲁军击鼓迎敌，曹刿拦住了他，说："还不到时候!"曹刿只是令鲁国将士坚守阵地。齐军冲不进去，只有退了回去。很快，齐军二鼓进攻，可是曹刿仍然让鲁军按兵不动。齐军再次无果，退了下去。一直到齐军的第三次鼓响起的时候，曹刿才对鲁庄公说："现在可以击鼓进攻了!"鲁军士兵听到自己的战鼓擂响，奋勇杀敌，大败齐军。

鲁庄公想命令士兵乘胜追击，而曹刿又拦住了他，说："先让我下车看一下。"曹刿下车后，认真看了看齐军兵车碾过的车辙痕迹，然后又登上战车，站在车前的横木上望了望齐军逃跑的情形，这才对鲁庄公说："请下令追击吧!"于是，鲁庄公命令部队乘胜追击，把齐军赶出了鲁国国境。

鲁国大获全胜，但是鲁庄公还不明白曹刿当时的所作所为。在庆功宴上，他向曹刿请教。

曹刿说："两军交战，靠的是勇气，第一次击鼓冲锋的时候，士气最为旺盛；第二次击鼓的时候，士气就开始衰退了；等到第三次击鼓的时候，士兵就已经开始疲惫了，因此士气就低落了下来。在这时候，我军才第一次击鼓进军，士气正是最为旺盛的时候，而对方正是士气低落之时，因此我方能够大获全胜。"

鲁庄公又问："当敌人败退的时候，你为什么不让我立刻就追击呢?"

曹刿说："齐国善于用兵，如果他们是诈逃，那么我军盲目追击必会中他们的埋伏。只有当我看到他们的兵车车辙痕迹混乱，旗帜七倒八落的时候，我才能确认他们是急于逃跑，肯定没有埋伏，所以我才请您下令追击。"

鲁庄公听后，对曹刿佩服得五体投地。

古人常把以逸待劳作为战略的一个方面，敌人疲于奔命时，我方可以养精蓄锐，做好军事防御，等待好的时机再出击，敌人必败。这同时也是统治者实行仁义、德行立天下的一种谋略。然而，对今天的我们来说，给我们的启示就是要先养精蓄锐，再从长计议。

石达开是太平天国首批“封王”中最年轻的军事将领。也是太平天国最富有传奇色彩的人物之一，英勇就义时年仅三十二岁。有关他的民间传说遍布他生前转战过的大半个中国，表现出他当年深得各地民众爱戴。他智勇双全，但是石达开却犯了一个严重的失误：不知韬光养晦。时机未成熟就和洪秀全决裂导致最终的失败，足以令后人深思。

在太平天国金田起义之后向金陵进军的途中，石达开均为开路先锋，他逢山开路，遇水搭桥，攻城夺镇，所向披靡，号称“石敢当”。太平天国建都天京后，他同杨秀清、韦昌辉等同为洪秀全的重要辅臣。后来又在西征战场上，大败湘军，迫使曾国藩又气又急又羞，欲投水寻死。在“天京事变”中，他又支持洪秀全平定韦昌辉的叛乱，成为洪秀全的首辅大臣。

但是，就在这之后不久，石达开却独自率领 20 万大军出走天京，与洪秀全分手，最后在大渡河全军覆没，他本人亦惨遭清军骆秉章凌迟。

1857 年 6 月 2 日，石达开率部由天京雨花台向安庆进军，出走的原因据石达开的布告中说，因“圣君”不明，即责怪洪秀全用频繁的诏旨，来牵制他的行动，并对他“重重生疑虑”，以致发展到有加害石达开之意，这就使二人之间的矛盾白热化起来。

而当时要解决这一日益尖锐的矛盾有三种办法可行：一种办法是石达开委曲求全，这在当时已不可能，心胸狭窄的洪秀全已不能宽容石达开；一种是急流勇退，解印弃官来消除洪秀全对他的疑惑，这也很难，当时形势已近水火，石达开解职的话恐怕连性命都难保；第三种是诛洪自代。谋士张遂谋曾经提醒石达开吸取刘邦诛韩信的教训，面对险境，应该推翻洪秀全的统治，自立为王。

按当时的实际情况看，第三种办法应该是较好的出路，因为形势的发展实际上已摈弃了像洪秀全那样相形见绌的领袖，需要一个像石达开那样的新的领袖来维系。但是，石达开的弱点就是中国传统的“忠君思想”，他讲仁慈、信义，对谋士的回答是“予唯知效忠天王，守其臣节”。

因此，石达开认为率部出走是其最佳方案。这样既可继续打着太平天国的旗号，进行从事推翻清朝的活动，又可以避开和洪秀全的矛盾。而石达开率大军到安庆后，如果按照他原来“分而不裂”的初衷，本可以此作为根据地，向周围扩张。安庆离南京不远，还可以互为声援，减轻清军对天京的压力，又不失去石达开原在天京军民心目中的地位。这是石达开完全可以做到的。但是，石达开却没有这样做，而是决心和洪秀全分道扬镳，彻底分裂，舍近而求远，去四川自立门户。

历史证明这一决策完全错了，石达开虽拥有 20 万大军，英勇转战江西、浙江、福建等 12 个省，震撼半个中国，历时 7 年，表现了高度的坚韧性，但最后仍免不了一败涂地。

1863 年 6 月 11 日，石达开被清军围困在利济堡，石达开决定用自己一人之生命换取部队的安全，这又是他的决策失误。当石军中部属知道主帅“决降，多自溃败”，已溃不成军了。此时，清军又采取措施，把石达开及其部属押送过河，把他和两千多解甲的战士分开。这一举动，顿使石达开猛醒过来，他意识到诈降计拙，暗自悔恨。

回顾石达开的失败，主要是个人决策的错误，他的自不量力的行动，决定了他出走后不可能有什么大的作为。时机根本未到，他不应该和洪秀全彻底决裂，而是应该适当韬光养晦。

“韬光养晦”就是在时机不成熟时，有效地把自己的实力和意图隐藏起来，等待机会。在我国历史上，有不少成功地运用“韬晦”待机之计克敌制胜的例子。但是也有许多因为考虑欠佳，致使落得兵败身亡的下场。要想干一番大事业，锐气是最不可或缺的，没有了锐气，人很难闯过荆棘，开创出一片新天地。

所以说，对战争而言，要以逸待劳，选准时机。

谨慎七患，做好防御

【原典】

墨子曰："以七患居国，必无社稷。以七患守城，敌至国倾。七患之所当，国必有殃。"

【古句新解】

墨子说："治理国家要是有了这七种祸患，必定亡国；守卫城池要是有了这七种祸患，敌兵攻至，国家就要倾覆。七患存在于哪个国家，哪个国家就必定遭殃。"

自我品评

何谓"七患"？墨子说："城池破旧不能防守，却大兴土木，修建宫室，这是一患；敌军攻入国境，四方诸侯不肯前来救助，这是二患；把民力耗尽在毫无功利的事情上，赏赐那些平庸无能之人，于是民力穷竭于无用之事，财物因招待宾客而空虚无存，这是三患；做官的人只求保住俸禄，游谈之士只为结党营私，君主制定法律只是为了责罚臣下，而臣下怕触犯刑法不敢犯颜进谏，这是四患；君主自以为圣明睿智，不问政事，自以为国家太平、实力强大，而疏于防范，四方邻国已经在谋划进攻了，君主仍全然不知警戒，这是五患：君主所任用的人却得不到君主的信任，这是六患；储备和种植的粮食不够食用，朝中的大臣不能胜任职守，国家的赏赐不能使好人喜悦，惩罚不能威慑坏人，这是七患。”

老子说“治大国若烹小鲜”（《老子·第六十章》），治理国家需要谨慎从事，实现国强民富更是一项系统的复杂工程，必须从全局的战略高度加以重视和统筹。首先，应该具有一种忧患意识，如孟子之言“生于忧患，而死于安乐”（《孟子·告子下》），忧患可以使人更加奋进，始终保持一种警觉性和进取心；其次，凡事要早做打算、精心策划，只有如此才能胜券在握，安枕无忧。

墨子赞成非攻的防备战，但怎么防备才是最有效，墨子对此作了详尽的阐述。

禽滑厘向墨子询问道：“根据圣人的说法，吉祥的凤凰鸟没有出现，诸侯背叛国王，天下战争四起，大国攻打小国，强国控制弱国。我想为小国防守，应该怎么办呢？”

墨子说：“防御哪种进攻？”

禽滑厘说：“当今世上常用的进攻方法是：积土成山，居高临下；用钩梯爬城；用冲梯攻城；用云梯攻城；填塞城壕；决水淹城；挖隧道；突然袭击；在城墙上打洞；像蚂蚁一样密集爬城；使用蒙上牛皮的辕辊；使用高耸的轩车。这十二种攻城方法，请问应如何防守？”

墨子说：“我方应把城墙、壕沟修好，把守城器械备足，粮食、柴草充足，上下相亲，又能取得四邻诸侯的援助。这是长久备战防守的根本条件。而且，负担防守任务的人很重要。他虽然善于防守，但是君主不信任他，那么，还是不能够防守。君主所任命担负防守任务的人，一定是能够防守的人；如果他没有能力而君主任用他，也是不能防守的。由此看来，担负防守的人，既要善于防守，又要君主尊重和信任他，这样才能防守得住。”

墨子在这里总结了小国防守的基本策略。一是要天时、地利、人和。墨子特别强调上下相亲，四邻相援。此所谓“人心齐，泰山移”，军民团结一家亲，试看天下谁能敌。二是要有精明指挥主帅，以号令三军。这就像一盘象棋，车马炮相士卒齐备，在将帅的统领下，相互协调配合，其防线就如铜墙铁壁，坚不可摧。懂得防守战略，方能抵御别国的侵略，从而最终实现兼爱天下的理想。

据统计，我国每年新生 15 万家民营企业，同时每年又有 10 余万家企业倒闭；有 60%的民营企业在 5 年内破产；有 85%的民营企业在 10 年内倒闭。其平均寿命只有 2.9 年。

柳传志曾说：“我从 1984 年创办企业，18 年间和我同台领过奖的许多知名企业家，今天回过头去看，绝大部分已经销声匿迹了。”

对大多数昙花一现的企业而言，在汹涌的市场经济浪潮中，一旦因失误而导致出局，便极有可能意味着从此退出历史舞台，即使有再多的经验教训，也没有机会转化为下一次的成功。那么，对经营者来说，怎样才能在激烈的市场竞争中持续成功地存活和发展呢？

我国有句古话叫“富不过三代”，而在瑞典有一家企业，不仅已经传到了第五代，而且该家族的事业仍蒸蒸日上，集团所属的控股公司在斯德哥尔摩股市中所占份额已超过了 40%！它就是瑞典无人不知的瓦伦堡家族。

一百多年来，该家族已经控制了北欧地区很多相当有影响力的工业集团，爱立信、伊莱克斯电器、瑞典滚珠轴承公司、阿斯利康制药集团等世界知名企业都名列其中。

对家族取得的辉煌成绩，瓦伦堡家族的第五代掌门人马库斯·瓦伦堡说，多年来家族一直坚持这样一种经营理念：在研究开发方面特别舍得投入，以此确保企业的竞争力和行业领先优势。

对瑞典这样一个国内市场狭小的国家来说，这一点尤其重要。二战爆发后，居安思危的瑞典政府大力发展军工业，瓦伦堡家族的军工企业萨伯公司以其高精尖的武器制造技术获得大量政府订单，其研发的亚斯—39 战斗机性能可与美国的 F—16 相媲美。20 世纪 60 年代，现代通信技术刚露苗头，瓦伦堡家族就收购了爱立信公司，将其发展成著名的通讯设备供应商之一。

除了遵循专业化、国际化原则外，瓦伦堡家族投资的主要特点是选定核心业务后进行长期投资。哪怕这项投资短期内无法盈利也决不放弃。马库斯的叔父彼得·瓦伦堡总结家族的生意经时说：“不到万不得已，我们不会轻易放弃暂时出现问题的企业。”这种高瞻远瞩、着眼未来的投资方式被瓦伦堡家族一直保持至今。前几年，瓦伦堡的两项核心投资——通信巨头爱立信和电力工程公司 ABB 都出现了巨额亏损，山雨欲来风满楼，“破产”、“脱手”等建议不断。但经过几年的扭亏重组，两大公司都已走出了阴霾，开始盈利。

企业没有自然生命，只有通过不停地更新来赋予它活力，它才不会死亡。存活了一百多年的瑞典瓦伦堡家族企业就是一个典型的例子。在它一百多年的发展历程中。其诸多成功举措有许多与中国墨子的“七患”诚不约而同地相互印证着，企业经营者从这里应该会学到一些东西。

其实，经营企业与治理国家的道理在本质上是一致的，墨子在《七患》中关于致使国家危亡的七种祸患的论述，在企业存亡之道上给了经营者一些很好的启示。

关于《墨子·七患》对企业经营的启示，每个人都可以有自己的理解。不管看法怎样，其提升企业存活期、促进企业发展的启发作用都是值得经营者思考的。

治大国若烹小鲜。经营者将管理企业上升到“治理国家”的战略高度，往往可以从历史上的国家兴衰、王朝更替中汲取经验和教训，得到有益于企业发展的启发。在国家的角度来说，要谨慎七患，做好战争防御。对企业经营来说，商场如战场，做好企业将会长盛不衰，这是墨子所给我们后人留下的启示。

以德治国得天下

【原典】

墨子曰："宽以惠，缓易急，民必移。"

【古句新解】

墨子说："宽厚而仁惠，使人们从急难中解救出来，民心就必定归附。"

自我品评

中国自古尚德，德政治世，是为大同。德实为民族生生不息之精魂，中华五千年绵延文化之亘古传续，长存而日大者亦在此。自古以来得道者仁厚，施仁于民，德者，仁义之功视为德。无论是一人一国失去道德失去诚信，即如无源之水无本之木。墨子在此也强调："宽以惠，缓易急，民必移。"意思是说宽厚仁德地对待人民，救民于水火之中，必得民心。的确，古往今来，天下始为得道者兴，失道者衰。

儒家学派的孟子曰："得道者多助，失道者寡助。寡助之至，亲戚畔之；多助之至，天下顺之。"站在正义方面，会得到多数人的支持帮助；违背道义，必陷于孤立。在孟子看来，得天下之道，即是施行仁政。因为仁政，是"得其心"之政。那么，如何"得其心"，即如何行仁政呢？孟子提出了"保民"的思想。保民，就是关爱和保护人民，它要求君主做到"所欲与之聚之，所恶勿施"，就是人民所希望的，就替他们聚积起来，人民所厌恶的，不要强加给他们。人民所希望的当然是富裕、幸福的生活。孟子认为，这是行仁政的根本着眼点。做到了这一点，然后民心归服、天下归服，是任何力量都阻止不了的。孟子这一点是和墨子有相同取向的。

孔子曰：骥不称其力，称其德也。因力有衰弱终结时，德则愈修愈厚，愈厚愈久。以力服人，人心不平。以德服人，人方心悦诚服。所谓政治，“政”即正也，“治”则平也。所以能正而平，则在明德以亲民，故齐家为政均尚德。

“得民心者得天下”据说出自三国时的司马懿，其临死前对司马师和司马昭说：得民心者得天下；得君子之心者得诸侯；得诸侯之心者得士大夫。

唐代魏征也提出“怨不在大，可畏惟人，载舟覆舟，所宜深慎。”要知道什么叫“水能载舟，亦能溢舟”（就是说水能将小船浮起来，也能让小船沉入海底），所以，这个“得民心者得天下”民心就相当于是水，而你要想的天下，就是让你的“船”浮起来，也就要靠水，也就是民心。当你获得了人民的心，那就等于你得到天下了。

秦末时期，原来的楚国贵族项羽趁乱起兵，依靠自己的军事天才和贵族的优势成为各个反秦独立势力中最强大的一个。而且项羽力大无穷，身材高大，在注重外表的古代更容易取得威信。另外一个势力是刘邦，此人从小不学无术，游手好闲，打仗败多胜少，而且用语粗俗，根本没有王者风范。但是项羽在初期取得成功以后，随便屠杀诸侯，杀死各路义军的总统帅楚怀王。对民众苛刻，连投降的四十万秦朝士兵都杀得一个不剩。对谋士的建议充耳不闻，刚愎自用。反观刘邦从小熟知平民生活，爱惜民力，对人宽厚，而且知道自己没有太大本事所以十分尊重人才，对投降士兵愿意留下的收编，不愿意的就让他们回乡下，十分受人爱戴。最终项羽因为残暴不仁而众叛亲离，而刘邦则得到许多人的帮助和拥护，在长达五年的楚汉战争中，虽然刘邦多次失败，但是仍然不断得到群众的支持所以能够不断的反扑。然而项羽在被刘邦打败以后，就众叛亲离，所有的军队在一夜之间都离他而去，最后被刘邦彻底打败，被迫自杀。而刘邦因为得到人民爱戴而最终登基称帝，开创了统治中国长达412年的汉朝。

此之谓德者得天下，此之谓得之长久。

尧舜时代君王以身作则，修正心灵，文明治世，教化万民，造就了尧天舜日，五风十雨、麦收双禾，麒麟在野、凤凰鸣山，夜不闭户、路不拾遗的太平盛世。表现了中华祖先以仁德为治国之本的聪明睿智。继之以禹、汤、文、武、周公仍以德治世，天下太平。

览《春秋》，管仲、子产煊赫当世，仲尼、颜回似与世事无关，然后人叹“天不生仲尼，万古长于夜”、称颜子为安贫乐道之楷模。阅《史记》，太史公力推伯夷、叔齐，旨在以德治史，重德行轻事功，树世之楷模，为民族精神定基调！关羽事功并不足道，唯一“义”字而足受千年俎豆馨香。文天祥、岳飞从事功上来说都是历史之大憾，然其对国家的赤胆忠心则留芳千古，泽被后世。曹操之于诸葛亮事功更为显赫，而孔明终以显德留世！古往今来，事功最大者莫如君王，四海之内莫非王臣，率土之滨莫非王土。但能称颂于后世者往往不在其封疆壮大之势，而在其仁德爱民之心。无德之君往往是身败国亡，淹没于历史长河。又如王莽、秦桧、严嵩、吴三桂、和珅之流，违德而行，事虽成而转瞬即灭，终落千古唾弃。历史镜头往往是惊人的相似。

周武王姬发伐商纣,商纣王失道寡助；公元前209年，秦二世失道寡助，陈胜和吴广得道多助；隋炀帝杨广无道，各地农民起义，瓦岗军得道多助；瓦岗军首领失道寡助，英雄豪杰纷纷投靠得道多助的李渊；元顺帝无道，朱元璋率领的红巾军得道多助；二战期间，德意日三国失道寡助，中美英等抗战国得道多助；解放战争中，解放军得道多助，国民党失道寡助。

自春秋不义狼烟四起，随而礼崩乐乱，有孔子终日奔走惶惶，教诲不倦。“夫子贤于尧舜”者，是其将德植民心。而后历代仍以德行民心，砥柱中流，续燃民族不灭的火种。

治国平天下如此，做人更应该如此。“得人心者得天下，失人心者失天下”。要怎样才能得人心，就是以他人之心为心。以儿女之心为心，就是“父慈”；以父母之心为心，就是“子孝”；以弟妹之心为心，就是“兄友”；以哥姐之心为心，就是“弟恭”；以妻子之心为心，就是“夫和”；以丈夫之心为心，就是“妇顺”；以人民之心为心，就是“君仁”；以领导之心为心，就是“臣忠”；以朋友之心为心，就是讲信义；以学生之心为心，就是讲师德。以他人之心为心，就是道心，就是天理，就是德。修德的功夫深入一分，爱世人的情感就诚恳一分，心心相印的境界就升华一分。唯德能感动人，能得人心。感动一家而家齐，感动一国而国治，感动天下而天下平。

中华尚德，历世圣贤迭起，皆以德论，不在事功。德养是中国古代政治、经济、文化的“长生”之道，所以养德乃是正人心、端风俗，乃齐家、治国平天下的第一要务。如此看来，以德治国平天下，胜过兵戈铁马劳民伤财，此乃战争谋略的最高境界。